◎ 小学综合实践活动系列丛书（总主编 李 雪 林海亮 刘 燕）
◎ 中小学名师讲堂·素质拓展系列丛书
◎ 四川省第二批省级社会实践一流本科课程"小学综合实践活动设计与组织"项目成果
◎ 四川省应用型示范专业建设"小学教育"项目成果
◎ 内江师范学院2019年一流本科专业"小学教育"——"小学综合实践活动设计与组织"思政示范课程项目成果（课题编号：YLZY201904）
◎ 内江师范学院社会实践一流本科课程"小学综合实践活动设计与组织"项目成果（课题编号：JK202043）

有趣的二十四节气

主　编◎李　雪　刘子学　徐　颖　李开元
副主编◎林　勇　罗余平　周　菊　温利娟
　　　　王相凤　刘学华
编　委◎王　群　曾燕莲　李正祥　肖英炳
　　　　付运珍　王祥伟　童国祥　邓　艳
　　　　师　君　刘红梅
顾　问◎陈理宣

西南交通大学出版社
·成　都·

图书在版编目（CIP）数据

有趣的二十四节气 / 李雪等主编. —成都：西南交通大学出版社，2021.6
ISBN 978-7-5643-8091-5

Ⅰ. ①有… Ⅱ. ①李… Ⅲ. ①二十四节气–少儿读物 Ⅳ. ①P462-49

中国版本图书馆 CIP 数据核字（2021）第 129996 号

Youqu de Ershisi Jieqi

有趣的二十四节气

| 主　编 | 李　雪　刘子学　徐　颖　李开元 |

| 责任编辑 | 梁　红 |
| 封面设计 | 原创动力 |

出版发行	西南交通大学出版社
	（四川省成都市金牛区二环路北一段 111 号
	西南交通大学创新大厦 21 楼）
邮政编码	610031
发行部电话	028-87600564　028-87600533
网址	http://www.xnjdcbs.com
印刷	四川煤田地质制图印刷厂

成品尺寸	185 mm×260 mm
印张	16.5
字数	271 千
版次	2021 年 6 月第 1 版
印次	2021 年 6 月第 1 次
定价	46.00 元
书号	ISBN 978-7-5643-8091-5

图书如有印装质量问题　本社负责退换
版权所有　盗版必究　举报电话：028-87600562

丛书总主编的话

战略合作伙伴学校联盟（以下简称"联盟"）是西南大学西南民族教育与心理研究中心兼职研究员林海亮博士在内江师范学院的大中小学合作经验基础上，借鉴了国内外主流大中小学合作模式，于2012年提出来的新合作模式。这种合作模式下，高校（院系）、教师进修校、中小学校、教育行政部门等多方共同组成联盟体，联盟以区域教育发展为核心目标，联盟成员本着共商、共建、共享的原则，开展多元、多层、多维、深入、持久的教育合作。

在四川省第二批省级社会实践一流本科课程"小学综合实践活动设计与组织"项目、内江师范学院2019年一流本科专业建设"小学教育"项目（YLZY201904）和内江师范学院社会实践一流本科课程"小学综合实践活动设计与组织"项目（JK202043）的支持下，联盟理论和设想全面实施，不断完善。

根据《中小学综合实践活动课程指导纲要》，中小学的综合实践活动的必修课定位得到强化，因此，高校小学教育专业也相应地把中小学综合实践活动的导法课程①设定为专业必修课。内江师范学院教育科学学院把小学综合实践活动导法课程称为"小学综合实践活动设计与组织"。

"小学综合实践活动设计与组织"课程自开设以来，改革的步伐从未停止。本次教改的基本思路是以综合实践活动课程改革为第一个抓手和示范，推动高校专业改革与中小学课程改革联动，在提

---

① 中小学综合实践活动中，教师的作用不是教，而是导。因此，把综合实践活动的教材教法类课程称为"教材教法课程"或者"教学论课程"是不合适的，称"导法课程"更合适。

高高校小学综合实践活动设计与组织和小学综合实践活动教育质量的同时，也增强两门课程的课程思政实效。在导法课的教育理念方面，融入了课程思政的重要理念和内江师范学院"小学教育"一流专业建设"生态教育理念"，在导法课和小学综合实践活动中，全面突出马克思主义和习近平新时代中国特色社会主义思想的指导作用，在课程目的、课程内容、实践方式、评价方法、师生关系等方面体现生态教育理念的基本要求。在导法课的社会实践基地方面，除了对已有的学校基地开展建设之外，还开拓了范长江纪念馆、大千艺苑等社会实践基地。在导法课的师资队伍方面，建立了高校教师与小学优秀教师组成的理论与实践、校内与校外、课内与课外全覆盖的教师团队，每位教师分工明确，各司其职，各负其责。在导法课理论与实践的连贯性、课内与课外的连贯性方面，编写了导法课教材和与之配套的小学综合实践活动校本教材。在人才培养模式方面，实现师范生培养和教师职后培养一体化，通过导法课，请小学一线优秀教师参与师范生的培养；通过师范生依托配套的小学综合实践活动校本教材指导小学生开展综合实践活动，促进师范生和在职教师实现理论与实践的融合，指导小学综合实践活动能力提升；通过编写小学综合实践活动校本教材，在高校教师的指导下，提高师范生和在职教师的综合实践活动研究能力。

　　《有趣的二十四节气》是与导法课配套的小学综合实践活动校本教材，是本次教改取得的重要成果之一。在未来的一段时间里，导法课教材和其他的配套校本教材将陆续出版。

　　总之，这次教改深化和完善了联盟理论及设想，全面推进了小学综合实践活动导法课和小学综合实践活动课程改革的联动，取得了预期效果。

丛书总主编介绍

◆ 李 雪

女，内江师范学院教育科学学院副教授，华南师范大学访问学者，四川省中小学教师资格考试面试考官。先后主持省级社会实践一流本科课程1项，市厅级课题2项，校级课题4项，参研国家级、市厅级、校级课题7项。在《高教探索》《教学与管理》等学术期刊上发表论文10余篇。合作编著《小学思想品德教育学》，主编教材3部，参编教材1部。获四川省第十九次优秀教育科研成果二等奖、2020年校级教学成果一等奖、内江市第十六届教育科研成果一等奖。

◆ 林海亮

男，1978年生，广东高州人，博士，西南大学西南民族教育与心理研究中心兼职研究员，四川省普通中小学教科研专家库专家。主持国家社科基金青年项目1项、省厅级课题及项目4项。参加国家级课题2项，省部级项目4项。在《教育发展研究》《国家教育行政学院学报》《教育学报》《高教探索》等杂志上发表论文40余篇，出版《正面教育论》《新时期学校德育热点问题研究》《欧盟教育政策的历史变迁与发展趋势》等专著5部，主编《中华好少年（3~6年级）》《中华好少年（7~9年级）》《教育心理学》等教材5部，主编中小学教材丛书两套，参编教师教育教材3部。

◆ 刘 燕

女，1971年生，四川内江人，内江市东兴区椑木中心学校书记、校长。曾获四川省义务教育贡献奖、内江市优秀校长。先后主持省部级课题1项，参研国家级、省部级、市厅级课题共3项。

序

  二十四节气是中华民族关于气候与耕种的智慧结晶,是中华民族优秀传统文化。中华民族正是因为对气候有精准的了解和掌握,才能充分利用气候规律,高效地做好农作物耕种,迅速提高农业生产效率,为自身生存和发展奠定基础。本书是以二十四节气为主题的小学综合实践活动系列教材之一,试图通过把二十四节气生活化,让学生在活动中、在生活中认识、传承二十四节气文化。二十四节气的综合实践活动,既可以选择二十四节气文化学的学习,又可以偏向二十四节气天文学的探索,还可以面向二十四节气气候学的劳动教育。总之,以二十四节气为主题的综合实践活动本身也是开放性的,不同的学校可以选择不同的方向和侧重点指导学生开展综合实践活动。

  本书与其他教材相比,最大的创新和特色是综合实践活动内容流程化和方案化。本书的每个章节都是按照综合实践活动的流程设计,体现综合实践活动的每个流程和每个环节。同时,小学生完成每个章节的内容,一个完整的小学综合实践活动方案也就呈现了,解决了小学生撰写综合实践活动方案遇到的困难和困惑。

  本书作者在编写过程中参阅了大量的文献资料,同时也得到了西南交通大学出版社的大力支持,在此,我们对文献资料的作者和西南交通大学出版社表示衷心感谢。

  由于编者水平有限,希望读者能给我们提出宝贵的修订意见。

李雪

2021年3月于羊城

目录

初识二十四节气 / 001

春 耕

1. 立春 / 012
2. 雨水 / 022
3. 惊蛰 / 032
4. 春分 / 042
5. 清明 / 052
6. 谷雨 / 062

夏 耘

7. 立夏 / 073
8. 小满 / 083
9. 芒种 / 093
10. 夏至 / 103

11. 小暑 / 113
12. 大暑 / 123

秋　收

13. 立秋 / 134
14. 处暑 / 144
15. 白露 / 154
16. 秋分 / 164
17. 寒露 / 174
18. 霜降 / 184

冬　藏

19. 立冬 / 195
20. 小雪 / 205
21. 大雪 / 215
22. 冬至 / 225
23. 小寒 / 235
24. 大寒 / 245

初识二十四节气

请你观察

我们在日历上可以发现，在农历里有立春、雨水、惊蛰、春分、清明、谷雨、立夏、小满、芒种、夏至、小暑、大暑、立秋、处暑、白露、秋分、寒露、霜降、立冬、小雪、大雪、冬至、小寒、大寒。这是我国传统二十四节气。

请你思考

1. 你知道二十四节气是怎么产生的吗？
2. 你知道哪些与节气有关的故事？
3. 你知道二十四节气与我们的生活有什么关系吗？
4. 你能找到与二十四节气有关的唐诗、宋词吗？你能读懂这些诗词吗？
5. 你知道哪些与二十四节气有关的新闻？

请你阅读

1. 二十四节气是人类非物质文化遗产

联合国教育、科学及文化组织（简称"教科文组织"）保护非物质文化遗产政府间委员会第十一届常会于2016年11月28日至12月2日在埃塞俄比亚首都亚的斯亚贝巴联合国非洲经济委员会会议中心召开。当地时间11月30日上午，委员会经过评审，正式通过决议，将中国申报的"二十四节气——中国人通过观察太阳周年运动而形成的时间知识体系及其实践"列入联合国教科文组织人类非物质文化遗产代表作名录。

2. 二十四节气历史由来

"二十四节气"形成于中国黄河流域，以观察该区域的天象、气温、降

水和物候的时序变化为基准,作为农耕社会的生产生活的时间指南逐步为全国各地所采用,并为多民族所共享。随着中国城市化进程加快和现代化农业技术的发展,"二十四节气"对于农事的指导功能逐渐减弱,但在当代中国人的生活世界中依然具有多方面的文化意义和社会功能,鲜明地体现了中国人尊重自然、顺应自然规律和适应可持续发展的理念,彰显出中国人对宇宙和自然界认知的独特性及其实践活动的丰富性,与自然和谐相处的智慧和创造力,也是人类文化多样性的生动见证。

3. 节气诗歌

节 气 歌

春雨惊春清谷天,夏满芒夏暑相连。
秋处露秋寒霜降,冬雪雪冬小大寒。

4. 你不知道的二十四节气知识

发达的农耕文明、先进的农学思想、悠久的重农传统,以及与自然和谐相处的文化理念,多种因素相互作用才催生了二十四节气。农历二十四节气,是古代中国人认知一年中时令、气候、物候等变化规律所形成的完整知识体系,它不仅是深受农民重视的"农业气候历",同时深刻影响着我们的思维方式和行为准则。

二十四节气无疑是农耕文明的产物。中国是世界上少数几个农业文明的起源地之一。早在距今一万年左右的新石器时代,中国就驯化了水稻和小米等作物,栽桑养蚕、驯养动物。主要的农业区在黄河流域,那里处于中纬度,四季分明,人们可以观察到不同时期的气候变化与物候特征,周而复始。但只有农耕文明并不足以产生二十四节气,还要有发达的天文学。古代中国的天文学相当发达,欧洲文艺复兴以前,中国是世界上天文现象最精确的观测者之一,也是最好的记录保存者之一。中国最古老、最简单的天文仪器是土圭,也叫"圭表",它是用来度量日影长短的,有了它,就可以确立冬至与夏至时间。然后通过数学推算,将太阳运行一年分成二十四等份,确立每一个节气的时间。

二十四节气又被分为七十二候,五日为一候,三候为一气,每一候都有动物、植物、鸟类、天气等随季节变化的周期性自然现象,这些现象称为

"物候"。比如雨水节气，冰雪融化，春信已发，初候獭祭鱼，二候鸿雁北，三候草木萌动。我们可以想象，水獭开始捕鱼了，大雁开始从南方飞回北方，在"润物细无声"的春雨中，草木开始抽出嫩芽。雨水之后是惊蛰，一声春雷惊醒了蛰伏的万物，初候桃始华，二候仓庚鸣，三候鹰化为鸠……这些美好的画面滋养了多少精彩的诗篇。

二十四节气的思想理念，可以通俗地理解为人们对"天时、地利、人和"的追求。历代文人墨客用各种形式，不断丰富着节气的内涵，草木鱼虫、天地万物都被容纳在节气的框架中，使今天的我们能有一种与天地感应的诗意浪漫。这也许是二十四节气永远不会过时的原因吧。

请你思考

1. 你知道联合国和联合国教科文组织吗？
2. 人类非物质文化遗产和人类非物质文化遗产代表作名录是什么？
3. 你知道你身边有哪些人类非物质文化遗产吗？
4. 为什么中国的二十四节气能列入联合国教科文组织人类非物质文化遗产代表作名录？
5. 你知道《吕氏春秋》和《淮南子》中是怎样记载二十四节气的吗？
6. 你了解太阳运行规律吗？

请你提问

请提出你最感兴趣的问题，你能用一句话表达清楚吗？

_____

_____

请你组队

寻找对这个问题感兴趣的小伙伴或者能与你一起解决这个问题的人，组成活动团队吧！

A. _____（你计划第一位邀请的小伙伴的名字）

这位小伙伴在哪所学校读书？_____

这位小伙伴读几年级？_____

这位小伙伴多大了？_____

有趣的二十四节气

你为什么邀请他/她? _____

你认为他/她可以扮演什么角色? _____

这位小伙伴接受你的邀请了吗?为什么? _____

B. _____（你计划第二位邀请的小伙伴的名字）

这位小伙伴在哪所学校读书? _____

这位小伙伴读几年级? _____

这位小伙伴多大了? _____

你为什么邀请他/她? _____

你认为他/她可以扮演什么角色? _____

这位小伙伴接受你的邀请了吗?为什么? _____

C. _____（你计划第三位邀请的小伙伴的名字）

这位小伙伴在哪所学校读书? _____

这位小伙伴读几年级? _____

这位小伙伴多大了? _____

你为什么邀请他/她? _____

你认为他/她可以扮演什么角色? _____

这位小伙伴接受你的邀请了吗?为什么? _____

（你还可以邀请更多的小伙伴参加活动）

请你策划

主题　你能把你最感兴趣的问题改写成陈述式的综合实践活动主题吗?

_____

背景　你为什么会提出这一问题?可以咨询老师,看一看活动主题还有哪些需要完善的地方,以及如何体现其价值。

_____

目标　请老师进行指导,进一步明确活动目标。

_____

活动目标表

目标维度	目标内容
价值体认	
责任担当	
问题解决	
创意物化	

主体 你最终确定了哪些人作为活动团队成员？

活动团队成员信息表

小伙伴的名字	小伙伴就读的学校	小伙伴所在的班级	小伙伴的年龄

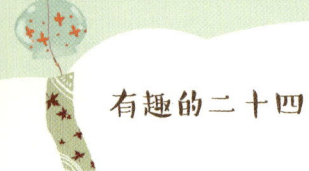

分工 你的团队成员是怎么分工的?

团队成员分工表

组别	姓名	工作内容	工作要求	完成时间	工作成果

准备 活动开展之前,你的团队成员做了哪些准备工作?

1. 制定活动方案
   A. 未开始(赶紧与团队成员一起制定哟!)
   B. 正在进行(抓紧时间哟!)
   C. 已经完成(你和你的团队真棒!)
2. 准备活动材料

准备工作情况表

准备工作的内容	负责人	完成时间	完成效果

续表

准备工作的内容	负责人	完成时间	完成效果

活动 活动流程。

_____
_____
_____
_____
_____
_____
_____
_____

预算

活动预算表

环节	开销	单价	数量	小计

安全 每个活动的场所不同，应采取什么措施保护团队成员的安全？

安全保障设计表

环节	安全措施	负责人	备注

评价 对每个团队成员在活动中的表现进行评价。

评价原则：

（1）客观性原则。评价要符合团队成员自身实际情况，不掺杂评价者的主观好恶和个人情感。

（2）发展性原则。评价能帮助团队成员自身发展及团队成员共同进步。

（3）激励性原则。评价的结果能激发团队成员的积极性，增强团队的凝聚力。

评价设计表

评价对象	评价依据	评价标准	评价人

请你汇报

活动结束后，请以适当的形式向同学和老师汇报综合实践活动的情况及成果。例如活动成果的展示形式有哪些？活动成果怎么呈现？在汇报过程中，人员如何安排、汇报材料如何准备？

1. 汇报形式

   _____

   _____

2. 活动成果呈现形式

   _____

   _____

3. 汇报工作分工

汇报工作分工表

组别	团队成员	负责工作	工作要求	完成时间	备注

请你评价

对每位团队成员进行评价。评价时请用一句话描述团队成员整体表现，

有趣的二十四节气

然后按照100分制评价或者按照"优、良、中、差"等级评价。

团队成员评价结果表

序号	姓名	评语	得分/等级	备注

请你总结

1. 在这次综合实践活动中,你有哪些收获?

2. 你们的活动解决了实践中的什么问题?请提出初步的解决方案。

春耕

春天,动物们从沉睡中醒来,小草开始发芽了,春回大地,一片欣欣向荣……

有趣的二十四节气

1. 立 春

请你观察

同学们,翻开日历,你会发现:立春不仅是农历二十四节气中的第一个节气,而且在自然界和人们的心目中,"春"既意味着风和日丽,也意味着万物生长、春耕播种,所谓"一年之计在于春"。立春时节,万物复苏,可明显感觉到早春的气息。

请你思考

1. 你知道为什么立春排在二十四节气之首吗?
2. 你知道立春的活动习俗吗?
3. 你知道立春时节要吃什么食物吗?
4. 和立春有关的农谚和诗歌有哪些?
5. 你知道立春"三候"指什么吗?

请你阅读

1. 节气由来

立春是"正月节",农历二十四节气中的第一个节气。此时太阳运行到黄经315°。时间点在2月3日或4日。

立春节气的"立"表示开始,"春"表示季节,故"立春"节气有春之节气已开始之意。从这一天起,一直到立夏的这段时间,一直都被我们称为"春天"。

2. 节气"三候"

立春"三候",初候东风解冻,二候蛰虫始振,三候鱼陟负冰。也就是说,东风送暖,大地开始解冻。不过,冬天的寒冷还没有结束,冰雪还需要一

段时间慢慢消融；大地回暖，藏在地下的冬眠动物开始苏醒，有了动的迹象；池塘的冰开始融化，鱼儿开始游到水面，此时水面上还有没完全溶解的碎冰片，如同被鱼负着一般浮在水面。

3. 节气习俗

过春节

春节是人人期盼的重大喜庆节日，也是中华民族最隆重的传统佳节。这时候，大家回到家里与亲人团聚，家家户户贴春联，互相串门拜春，表达对新年的美好祝福。

咬春

立春时，民间习惯吃萝卜、姜、葱、面饼，称为"咬春"。例如山西运城新嫁女，娘家要接回，称为"迎春"；山西临汾则习惯请女婿吃春饼。

"咬春"是指立春日吃春盘、春饼、春卷或嚼萝卜之俗，一个"咬"字道出节令的众多食俗。食春盘、春饼，老北京讲究一定要卷成筒状，从头吃到尾，俗语叫"有头有尾"。立春日，阖家围桌吃春卷，其乐无穷。

4. 节气故事

春饼的故事

传说，宋朝有一位书生名叫陈皓。一天，他在书房专心读书，妻子阿玉把饭菜端到他的书桌上，他却忘了吃，而且这种情况经常出现，他认为读书比吃饭重要。这可急坏了阿玉，她心想：怎么才能让他好好吃饭呢？她想了又想，终于想出一个好办法：他嫌吃饭麻烦，就做饼子给他吃吧。于是阿玉做出又好吃又耐饿的春饼。春饼是饭，也是菜。陈皓边读书边吃饼，一点儿也不觉得麻烦。他餐餐都吃得香，读书的劲头更大了。

5. 节气谚语

立春春打六九头，春播备耕早动手。

早春孩儿面，一天两三变。

一年之计在于春，一天之计在于晨。

6. 节气诗歌

元 日

〔宋〕王安石

爆竹声中一岁除，春风送暖入屠苏。

千门万户曈曈日，总把新桃换旧符。

请你思考

1. 立春节气里，你最感兴趣的活动是什么？
2. "咬春"的"咬"字有什么寓意呢？
3. 你喜欢过春节吗？春节期间你都做些什么？
4. 你能背诵和立春有关的谚语和诗歌吗？

请你提问

请提出你最感兴趣的问题，你能用一句话表达清楚吗？

_____

_____

请你组队

寻找对这个问题感兴趣的小伙伴或者能与你一起解决这个问题的人，组成活动团队吧！

A. _____（你计划第一位邀请的小伙伴的名字）

这位小伙伴在哪所学校读书？_____

这位小伙伴读几年级？_____

这位小伙伴多大了？_____

你为什么邀请他/她？_____

你认为他/她可以扮演什么角色？_____

这位小伙伴接受你的邀请了吗？为什么？_____

　　B. _____（你计划第二位邀请的小伙伴的名字）

这位小伙伴在哪所学校读书？_____

这位小伙伴读几年级？_____

这位小伙伴多大了？_____

你为什么邀请他/她？_____

你认为他/她可以扮演什么角色？_____

这位小伙伴接受你的邀请了吗？为什么？_____

　　C. _____（你计划第三位邀请的小伙伴的名字）

这位小伙伴在哪所学校读书？_____

这位小伙伴读几年级？_____

这位小伙伴多大了？_____

你为什么邀请他/她？_____

你认为他/她可以扮演什么角色？_____

这位小伙伴接受你的邀请了吗？为什么？_____

（你还可以邀请更多的小伙伴参加活动）

请你策划

主题 你能把你最感兴趣的问题改写成陈述式的综合实践活动主题吗？

_____

背景 你为什么会提出这一问题？可以咨询老师，看一看活动主题还有哪些需要完善的地方，以及如何体现其价值。

_____

目标 请老师进行指导，进一步明确活动目标。

_____

活动目标表

目标维度	目标内容
价值体认	
责任担当	
问题解决	
创意物化	

主体 你最终确定了哪些人作为活动团队成员？

活动团队成员信息表

小伙伴的名字	小伙伴就读的学校	小伙伴所在的班级	小伙伴的年龄

分工 你的团队成员是怎么分工的？

团队成员分工表

组别	姓名	工作内容	工作要求	完成时间	工作成果

准备 活动开展之前,你的团队成员做了哪些准备工作?

1. 制定活动方案

A. 未开始(赶紧与团队成员一起制定哟!)

B. 正在进行(抓紧时间哟!)

C. 已经完成(你和你的团队真棒!)

2. 准备活动材料

准备工作情况表

准备工作的内容	负责人	完成时间	完成效果

续表

准备工作的内容	负责人	完成时间	完成效果

活动 活动流程。

_____
_____
_____
_____
_____
_____
_____
_____

预算

活动预算表

环节	开销	单价	数量	小计

安全 每个活动的场所不同,应采取什么措施保护团队成员的安全?

安全保障设计表

环节	安全措施	负责人	备注

评价 对每个团队成员在活动中的表现进行评价。

评价原则:

(1)客观性原则。评价要符合团队成员自身实际情况,不掺杂评价者的主观好恶和个人情感。

(2)发展性原则。评价能帮助团队成员自身发展及团队成员共同进步。

(3)激励性原则。评价的结果能激发团队成员的积极性,增强团队的凝聚力。

评价设计表

评价对象	评价依据	评价标准	评价人

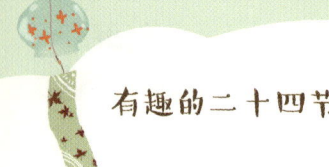

请你汇报

活动结束后,请以适当的形式向同学和老师汇报综合实践活动的情况及成果。例如活动成果的展示形式有哪些?活动成果怎么呈现?在汇报过程中,人员如何安排、汇报材料如何准备?

1. 汇报形式

   _____

   _____

2. 活动成果呈现形式

   _____

   _____

3. 汇报工作分工

汇报工作分工表

组别	团队成员	负责工作	工作要求	完成时间	备注

请你评价

对每位团队成员进行评价。评价时请用一句话描述团队成员整体表现,然后按照100分制评价或者按照"优、良、中、差"等级评价。

团队成员评价结果表

序号	姓名	评语	得分 / 等级	备注

请你总结

1. 在这次综合实践活动中,你有哪些收获?

2. 你们的活动解决了实践中的什么问题?请提出初步的解决方案。

有趣的二十四节气

2. 雨 水

请你观察

雨水时节到底是什么样子呢？俗话说"春雨贵如油"，适宜的降水对农作物的生长很重要。到了雨水时节，冰雪融化，鱼儿欢歌，正是捕鱼的好时机。如果你是生活的有心人，你会发现，可爱的大雁从南方飞回北方，草木抽出嫩芽，小草探出头，好一派生机勃勃的景象！

请你思考

1. 一提到雨水这个节气你会想到什么？你眼前会出现怎样的画面？
2. 你知道雨水的"三候"吗？
3. 你知道雨水有哪些活动习俗和美食吗？
4. 你能背诵和雨水有关的谚语及诗歌吗？

请你阅读

1. 节气由来

雨水是"正月中"，农历二十四节气中的第二个节气。此时太阳运行到黄经330°。时间点在2月18日或19日。雨水是反映降水现象的节气，雨量逐渐增多，意味着进入气象意义的春天。

2. 节气"三候"

初候獭祭鱼。指的是雨水时节，水獭开始捕鱼了，捕捉到鱼后它们会将捕获的鱼排列在岸边展示，似乎要先祭拜一番后再享用。

二候鸿雁北。天气回暖，成排大雁开始从南方飞回北方，它们随着天地冷暖的变化而往来，以适应气候。

三候草木萌动。在"润物细无声"的春雨中，草木开始抽出嫩芽，从此，大地渐渐呈现出一派欣欣向荣的景象。

3. 节气习俗

回娘家

雨水节气这一天，一些地方女婿要去给岳父岳母送节，送节的礼物通常是两把藤椅，上面缠一段红绸。这被称为"接寿"，意在祝岳父岳母长命百岁。送节的另一个典型礼物是"罐罐肉"，用来表示女婿对岳父岳母的感谢和敬意。

元宵节

我国传统节日元宵节与雨水节气时间接近。这一天，大家要点彩灯、猜灯谜、舞狮子、吃元宵，共庆佳节。过完元宵，才算真正过完年，新的一年开始了。

4. 节气故事

女娲补天

传说雨水节气前后的正月二十是女娲补天的日子。女娲的功劳不仅仅是造人，还有补天。

据说，古时候水神共工和火神祝融打仗。共工被打败了，气得一脑袋朝支撑天空的柱子撞去。一根柱子被撞倒了，天宫坍塌了一块，大地都朝东南方向倾斜。这场祸事使得天地乱了套。女娲连忙炼了五色石补天，又用芦苇烧的灰堵塞住洪水。她还借用一只大乌龟的四只脚，把它们当成柱子竖立在四方，用以支撑天空。这样，女娲才重新整理好天地的秩序。

5. 节气谚语

春雨贵如油。

雨水有雨庄稼好，大春小春一片宝。

立春天渐暖，雨水送肥忙。

6. 节气诗歌

春夜喜雨

〔唐〕杜甫

好雨知时节，当春乃发生。
随风潜入夜，润物细无声。
野径云俱黑，江船火独明。
晓看红湿处，花重锦官城。

请你思考

1. 了解了雨水"三候"后，结合平时的生活经验想一想，是否一致呢？
2. 你对雨水时节哪个活动最感兴趣？为什么？
3. 你吃过"罐罐肉"吗？谈一谈感受。
4. 你能背诵和雨水有关的谚语和诗歌吗？谈一谈自己的理解。

请你提问

请提出你最感兴趣的问题，你能用一句话表达清楚吗？
_____
_____

请你组队

寻找对这个问题感兴趣的小伙伴或者能与你一起解决这个问题的人，组成活动团队吧！

A. _____（你计划第一位邀请的小伙伴的名字）

这位小伙伴在哪所学校读书？_____

这位小伙伴读几年级？_____

这位小伙伴多大了？_____

你为什么邀请他/她？_____

你认为他/她可以扮演什么角色？_____

这位小伙伴接受你的邀请了吗？为什么？_____

B. _____（你计划第二位邀请的小伙伴的名字）

这位小伙伴在哪所学校读书？_____
这位小伙伴读几年级？_____
这位小伙伴多大了？_____
你为什么邀请他/她？_____
你认为他/她可以扮演什么角色？_____
这位小伙伴接受你的邀请了吗？为什么？_____
C. _____（你计划第三位邀请的小伙伴的名字）
这位小伙伴在哪所学校读书？_____
这位小伙伴读几年级？_____
这位小伙伴多大了？_____
你为什么邀请他/她？_____
你认为他/她可以扮演什么角色？_____
这位小伙伴接受你的邀请了吗？为什么？_____
（你还可以邀请更多的小伙伴参加活动）

请你策划

主题 你能把你最感兴趣的问题改写成陈述式的综合实践活动主题吗？

_____

背景 你为什么会提出这一问题？可以咨询老师，看一看活动主题还有哪些需要完善的地方，以及如何体现其价值。

_____

目标 请老师进行指导，进一步明确活动目标。

_____

活动目标表

目标维度	目标内容
价值体认	
责任担当	
问题解决	
创意物化	

有趣的二十四节气

主体 你最终确定了哪些人作为活动团队成员？

活动团队成员信息表

小伙伴的名字	小伙伴就读的学校	小伙伴所在的班级	小伙伴的年龄

分工 你的团队成员是怎么分工的？

团队成员分工表

组别	姓名	工作内容	工作要求	完成时间	工作成果

准备 活动开展之前,你的团队成员做了哪些准备工作?

1. 制定活动方案

   A. 未开始(赶紧与团队成员一起制定哟!)

   B. 正在进行(抓紧时间哟!)

   C. 已经完成(你和你的团队真棒!)

2. 准备活动材料

准备工作情况表

准备工作的内容	负责人	完成时间	完成效果

活动 活动流程。

_____
_____
_____
_____
_____
_____

有趣的二十四节气

> 预算

活动预算表

环节	开销	单价	数量	小计

> 安全 每个活动的场所不同,应采取什么措施保护团队成员的安全?

安全保障设计表

环节	安全措施	负责人	备注

> 评价 对每个团队成员在活动中的表现进行评价。

评价原则:

(1)客观性原则。评价要符合团队成员自身实际情况,不掺杂评价者的主观好恶和个人情感。

(2)发展性原则。评价能帮助团队成员自身发展及团队成员共同进步。

(3)激励性原则。评价的结果能激发团队成员的积极性,增强团队的凝聚力。

评价设计表

评价对象	评价依据	评价标准	评价人

请你汇报

活动结束后,请以适当的形式向同学和老师汇报综合实践活动的情况及成果。例如活动成果的展示形式有哪些?活动成果怎么呈现?在汇报过程中,人员如何安排、汇报材料如何准备?

1. 汇报形式

   _____

   _____

2. 活动成果呈现形式

   _____

   _____

3. 汇报工作分工

汇报工作分工表

组别	团队成员	负责工作	工作要求	完成时间	备注

续表

组别	团队成员	负责工作	工作要求	完成时间	备注

请你评价

对每位团队成员进行评价。评价时请用一句话描述团队成员整体表现，然后按照100分制评价或者按照"优、良、中、差"等级评价。

团队成员评价结果表

序号	姓名	评语	得分/等级	备注

请你总结

1. 在这次综合实践活动中，你有哪些收获？

_____
_____
_____
_____
_____

2. 你们的活动解决了实践中的什么问题？请提出初步的解决方案。
_____
_____
_____
_____
_____
_____

有趣的二十四节气

3. 惊 蛰

请你观察

如果你注意观察,你会发现,随着春季第三个节气——惊蛰的到来,灼灼其华的桃花开了;黄鹂站在树枝上呼朋引伴,一展歌喉;田间,布谷鸟正为美丽的春天欢唱。

请你思考

1. 惊蛰这个节气会让你脑海中浮现出怎样的画面?
2. 你知道惊蛰有哪些习俗吗?
3. 你对和惊蛰有关的美食和故事感兴趣吗?

请你阅读

1. 节气由来

惊蛰是"二月节",农历二十四节气中的第三个节气,也是仲春时节的开始。此时太阳运行到黄经345°。时间点在3月5日或6日。伴随着阵阵春雷,经历了早春的懵懂,仲春时节,春意也渐渐浓了起来。惊蛰节气在农耕上有着相当重要的意义,自古以来,我国人民很重视惊蛰这个节气,把它视为春耕开始的日子。

2. 节气"三候"

初候,桃始华。桃花有许多种类,花瓣颜色也各不相同。这时,艳丽的桃花开满山间田野,充满诗意。

二候,仓庚鸣。仓庚就是黄鹂。黄鹂很早就感受到春天的气息,出现在乡村田间,到处歌唱。

三候,鹰化为鸠。在大自然活跃了一段时间的老鹰,此时已经躲起来繁殖后代，别的鸟儿多起来，似乎老鹰就显得少了。

3. 节气习俗

吃 梨

惊蛰时期，天气明显变暖干燥，很容易使人口干舌燥，引起咳嗽。梨性寒味甘，有润肺解渴的效果。这时吃梨，既可以止咳降噪，缓解天气引起的不适，还可以增强体质。

炒合菜

"春雷阵，虫儿鸣"，惊蛰期间乍暖还寒，肝气旺易伤脾，所以惊蛰季节要少吃酸，多吃大枣、山药等甜食以养脾。在北京，讲究吃春饼卷、炒合菜，淡雅宜口，也求合美之意。

4. 节气故事

雷公的故事

雷神，又叫"雷公"，最早的雷神是"龙身人头"的形象，大约到了汉代，雷神才逐渐地人格化。东汉王充的《论衡》里面记载，当时的人在给雷神画像的时候，一般都是画成一个大汉的形象，一手拿着连鼓，一手拿着上方下尖的锥子。当时的人认为，轰隆隆的雷声就是雷公用连鼓发出的，而比较尖利的雷声，则是雷公挥锥的声音。

5. 节气谚语

惊蛰节到闻雷声，震醒蛰伏越冬虫。
春季生产掀高潮，从南到北忙春耕。
麦田施肥和浇水，紧跟锄搂把土松。

6. 节气诗歌

闻 雷
〔唐〕白居易

瘴地风霜早，温天气候催。
穷冬不见雪，正月已闻雷。
震蛰虫蛇出，惊枯草木开。
空余客方寸，依旧似寒灰。

请你思考

1. 惊蛰的众多活动习俗中，你最喜欢哪一个？为什么？
2. 你知道哪些与惊蛰这个节气有关的美食？
3. 你知道《闻雷》这首诗的意思吗？试着谈一谈自己的理解。

请你提问

请提出你最感兴趣的问题，你能用一句话表达清楚吗？
_____
_____

请你组队

寻找对这个问题感兴趣的小伙伴或者能与你一起解决这个问题的人，组成活动团队吧！

A. _____（你计划第一位邀请的小伙伴的名字）

这位小伙伴在哪所学校读书？_____

这位小伙伴读几年级？_____

这位小伙伴多大了？_____

你为什么邀请他/她？_____

你认为他/她可以扮演什么角色？_____

这位小伙伴接受你的邀请了吗？为什么？_____

B. _____（你计划第二位邀请的小伙伴的名字）

这位小伙伴在哪所学校读书？_____

这位小伙伴读几年级？_____

这位小伙伴多大了？_____

你为什么邀请他/她？_____

你认为他/她可以扮演什么角色？_____

这位小伙伴接受你的邀请了吗？为什么？_____

C. _____（你计划第三位邀请的小伙伴的名字）

这位小伙伴在哪所学校读书？_____

这位小伙伴读几年级？_____

这位小伙伴多大了？_____

你为什么邀请他/她？_____

你认为他/她可以扮演什么角色？_____

这位小伙伴接受你的邀请了吗？为什么？_____

（你还可以邀请更多的小伙伴参加活动）

请你策划

主题 你能把你最感兴趣的问题改写成陈述式的综合实践活动主题吗？

_____

背景 你为什么会提出这一问题？可以咨询老师，看一看活动主题还有哪些需要完善的地方，以及如何体现其价值。

_____

目标 请老师进行指导，进一步明确活动目标。

_____

活动目标表

目标维度	目标内容
价值体认	
责任担当	
问题解决	
创意物化	

主体 你最终确定了哪些人作为活动团队成员?

活动团队成员信息表

小伙伴的名字	小伙伴就读的学校	小伙伴所在的班级	小伙伴的年龄

分工 你的团队成员是怎么分工的?

团队成员分工表

组别	姓名	工作内容	工作要求	完成时间	工作成果

续表

组别	姓名	工作内容	工作要求	完成时间	工作成果

准备 活动开展之前,你的团队成员做了哪些准备工作?

1. 制定活动方案

A. 未开始(赶紧与团队成员一起制定哟!)

B. 正在进行(抓紧时间哟!)

C. 已经完成(你和你的团队真棒!)

2. 准备活动材料

准备工作情况表

准备工作的内容	负责人	完成时间	完成效果

活动 活动流程。

_____

_____

有趣的二十四节气

_____
_____
_____
_____
_____
_____

预算

活动预算表

环节	开销	单价	数量	小计

安全 每个活动的场所不同，应采取什么措施保护团队成员的安全？

安全保障设计表

环节	安全措施	负责人	备注

评价 对每个团队成员在活动中的表现进行评价。

评价原则：

(1) 客观性原则。评价要符合团队成员自身实际情况，不掺杂评价者的主观好恶和个人情感。

(2) 发展性原则。评价能帮助团队成员自身发展及团队成员共同进步。

(3) 激励性原则。评价的结果能激发团队成员的积极性，增强团队的凝聚力。

评价设计表

评价对象	评价依据	评价标准	评价人

请你汇报

活动结束后，请以适当的形式向同学和老师汇报综合实践活动的情况及成果。例如活动成果的展示形式有哪些？活动成果怎么呈现？在汇报过程中，人员如何安排、汇报材料如何准备？

1. 汇报形式

　　_____

2. 活动成果呈现形式

　　_____

3. 汇报工作分工

汇报工作分工表

组别	团队成员	负责工作	工作要求	完成时间	备注

请你评价

对每位团队成员进行评价。评价时请用一句话描述团队成员整体表现，然后按照100分制评价或者按照"优、良、中、差"等级评价。

团队成员评价结果表

序号	姓名	评语	得分/等级	备注

请你总结

1. 在这次综合实践活动中,你有哪些收获?

_____
_____
_____
_____
_____

2. 你们的活动解决了实践中的什么问题?请提出初步的解决方案。

_____
_____
_____
_____
_____

有趣的二十四节气

4. 春 分

请你观察

春分时节，我国大部分地区都进入明媚的春天，杨柳青青、草长莺飞、小麦拔节、油菜花香……百花齐放，百鸟争鸣，大好春光赏不尽。

请你思考

1. 你知道关于春分这个节气的哪些故事？

2. 春分这个节气与我们生活有什么关系吗？

3. 你所在的地方过春分这个节气时有什么习俗吗？

4. 你知道哪些与春分节气有关的谚语、唐诗、宋词？你能读懂吗？

请你阅读

1. 节气由来

春分是"二月中"，农历二十四节气中的第四个节气。此时太阳运行到黄经0°。时间点在3月20日或21日。这天昼夜等长。过了这一天，太阳直射的位置一天天向北移动，北半球各地开始昼长夜短。

2. 节气"三候"

初候玄鸟至；二候雷乃发声；三候始电。

意思是说春分时节,燕子开始从南方飞回来,下雨时天空会打雷并出现闪电。

3. 节气习俗

放风筝

春分期间,风和日丽,是放风筝的好时候。尤其春分当天,不管男女老少,大家一起出去放风筝,把春分当成一个欢乐的节日。

野外挑野菜

在岭南地区,有个不成节的习俗,叫作"春分吃春菜"。春菜,顾名思义,是春天的蔬菜。春菜是一种野苋菜。逢春分那天,很多村民都去采摘春菜。在田野中搜寻时,多见是嫩绿的,细细棵,约有巴掌那样长短。一般将采回的春菜与鱼片"滚汤",名曰"春汤"。

4. 节气故事

赶春分和神农尝百草

每年春分节气前后三天,很多药材客商都要赶到湖南安仁县从事贸易活动。这成为当地传统节日,叫作"赶春分"。为什么大家偏偏要到这个地方来呢?为什么不选别的日子,偏要"赶春分"呢?传说,这和神农氏尝百草有关系。古时候,这里时常发生瘟疫,百姓饱受病痛折磨。善良的神农氏一心想帮助百姓,就到这里来寻找治病的药物,却不小心染上了瘟疫。一天,神农氏发现几棵不知名的植物在随风摇摆,就扯了几片叶子放进嘴里咀嚼,不久病就好了。后来,他在这里尝尽百草,终于发现许多有用的草药,消除了这里的瘟疫。可惜他后来在春分这一天误尝了断肠草,献出了宝贵的生命。当地人们为了纪念他,就将每年春分定为他的祭祀日,很多药材商都赶到这里聚会,开展规模宏大的药材交易会。

5. 节气谚语

春分阴雨天,春季雨不歇。
春分不暖,秋分不凉。
春分刮大风,刮到四月中。

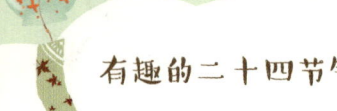

有趣的二十四节气

6. 节气诗歌

春 晓
〔唐〕孟浩然

春眠不觉晓，处处闻啼鸟。
夜来风雨声，花落知多少。

请你思考

1. 春分时节，大自然的风景有什么变化？
2. 春分节气，你去踏青吗？如果去了，会看到哪些美景？
3. 请你和伙伴一起背一背春分农谚，并说说自己的理解。

请你提问

请提出你最感兴趣的问题，你能用一句话表达清楚吗？

_____

_____

请你组队

寻找对这个问题感兴趣的小伙伴或者能与你一起解决这个问题的人，组成活动团队吧！

A. _____（你计划第一位邀请的小伙伴的名字）

这位小伙伴在哪所学校读书？_____

这位小伙伴读几年级？_____

这位小伙伴多大了？_____

你为什么邀请他/她？_____

你认为他/她可以扮演什么角色？_____

这位小伙伴接受你的邀请了吗？为什么？_____

B. _____（你计划第二位邀请的小伙伴的名字）

这位小伙伴在哪所学校读书？_____

这位小伙伴读几年级？_____

这位小伙伴多大了？_____

你为什么邀请他/她? _____
你认为他/她可以扮演什么角色? _____
这位小伙伴接受你的邀请了吗? 为什么? _____
C. _____（你计划第三位邀请的小伙伴的名字）
这位小伙伴在哪所学校读书? _____
这位小伙伴读几年级? _____
这位小伙伴多大了? _____
你为什么邀请他/她? _____
你认为他/她可以扮演什么角色? _____
这位小伙伴接受你的邀请了吗? 为什么? _____
（你还可以邀请更多的小伙伴参加活动）

请你策划

主题 你能把你最感兴趣的问题改写成陈述式的综合实践活动主题吗?

_____

背景 你为什么会提出这一问题? 可以咨询老师, 看一看活动主题还有哪些需要完善的地方, 以及如何体现其价值。

_____

目标 请老师进行指导, 进一步明确活动目标。

_____

活动目标表

目标维度	目标内容
价值体认	
责任担当	
问题解决	
创意物化	

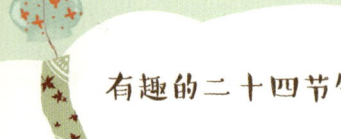

有趣的二十四节气

主体 你最终确定了哪些人作为活动团队成员?

活动团队成员信息表

小伙伴的名字	小伙伴就读的学校	小伙伴所在的班级	小伙伴的年龄

分工 你的团队成员是怎么分工的?

团队成员分工表

组别	姓名	工作内容	工作要求	完成时间	工作成果

续表

组别	姓名	工作内容	工作要求	完成时间	工作成果

准备 活动开展之前,你的团队成员做了哪些准备工作?

1. 制定活动方案

A. 未开始(赶紧与团队成员一起制定哟!)

B. 正在进行(抓紧时间哟!)

C. 已经完成(你和你的团队真棒!)

2. 准备活动材料

准备工作情况表

准备工作的内容	负责人	完成时间	完成效果

活动 活动流程。

有趣的二十四节气

_____
_____
_____
_____
_____

预算

活动预算表

环节	开销	单价	数量	小计

安全 每个活动的场所不同,应采取什么措施保护团队成员的安全?

安全保障设计表

环节	安全措施	负责人	备注

评价 对每个团队成员在活动中的表现进行评价。

评价原则：

（1）客观性原则。评价要符合团队成员自身实际情况，不掺杂评价者的主观好恶和个人情感。

（2）发展性原则。评价能帮助团队成员自身发展及团队成员共同进步。

（3）激励性原则。评价的结果能激发团队成员的积极性，增强团队的凝聚力。

评价设计表

评价对象	评价依据	评价标准	评价人

请你汇报

活动结束后，请以适当的形式向同学和老师汇报综合实践活动的情况及成果。例如活动成果的展示形式有哪些？活动成果怎么呈现？在汇报过程中，人员如何安排、汇报材料如何准备？

1. 汇报形式

_____

_____

2. 活动成果呈现形式

_____

_____

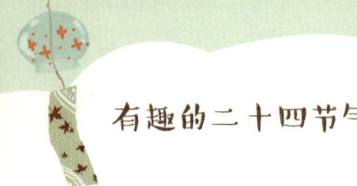

有趣的二十四节气

3. 汇报工作分工

汇报工作分工表

组别	团队成员	负责工作	工作要求	完成时间	备注

请你评价

对每位团队成员进行评价。评价时请用一句话描述团队成员整体表现，然后按照100分制评价或者按照"优、良、中、差"等级评价。

团队成员评价结果表

序号	姓名	评语	得分/等级	备注

请你总结

1. 在这次综合实践活动中,你有哪些收获?

   _____
   _____
   _____
   _____
   _____

2. 你们的活动解决了实践中的什么问题?请提出初步的解决方案。

   _____
   _____
   _____
   _____
   _____

有趣的二十四节气

5. 清 明

请你观察

细心的你一定会发现：清明时节雨纷纷。清明节雨后，可以看见空中挂着绚烂的彩虹，这时候郊外踏青春游最好。当然，也不要忘了给祖先和革命烈士扫墓哦。

请你思考

1. 你知道清明节的由来吗？
2. 你知道清明节的别称吗？
3. 你知道清明节的习俗吗？
4. 你知道中国的传统节日有哪些吗？
5. 你知道哪些和清明节有关的故事？

请你阅读

1. 节气由来

清明节，又称"踏青节""行清节""三月节""祭祖节"等，农历二十四节气中的第五个节气。清明节源自上古时代的祖先信仰与春祭礼俗，兼具自然与人文两大内涵，既是自然节气点，也是传统节日。此时太阳运行到黄经15°。时间点在4月4日或5日。这一时节，生气旺盛，万物"吐故纳新"，大地呈现春和景明之象。

2. 节气"三候"

初候桐始华,清明来到,白桐花开,芬香怡人;二候田鼠化为鹌,田鼠因不适应强烈的阳光而躲回洞穴,喜爱阳光的鸟儿则开始出来活动了;三候虹始见,清明节雨后,可以看见彩虹。

3. 节气习俗

踏 青

中华民族自古就有清明踏青的习俗。踏青古时又叫"探春""寻春"等,即为春日郊游,也称"踏春",一般指初春时到郊外散步游玩。清明时节,春回大地,自然界到处呈现一派生机勃勃的景象,正是郊游的好时机。

青团子

清明时节,江南一带有吃青团子的风俗习惯。青团子是用一种名叫"浆麦草"的野生植物捣烂后挤压出汁,接着取用这种汁同晾干后的水磨纯糯米粉拌匀揉和制作而成的。团子的馅心是用细腻的糖豆沙制成,在包馅时,另放入一小块糖猪油。团坯制好后,将它们入笼蒸熟,出笼时用毛刷将熟菜油均匀地刷在团子的表面,便大功告成了。青团子油绿如玉,糯韧绵软,清香扑鼻,吃起来甜而不腻。

4. 节气故事

寒食节的传说

相传春秋时期,晋公子重耳为逃避迫害而四处流亡,受尽了苦难。后来,重耳回国做了国君,也就是历史上的晋文公。即位后,晋文公重重赏了当初伴随他流亡的功臣,唯独忘了介子推。很多人为介子推鸣不平,劝他面君讨赏,然而介子推最鄙视那些争功讨赏的人。他收拾好行装,同母亲悄悄地到绵山隐居去了。晋文公听说后,羞愧莫及,亲自带人去请介子推,然而介子推已离家去了绵山。绵山山高路险,树木茂密,找寻两个人谈何容易,有人出了个馊主意,从三面火烧绵山,逼出介子推。大火烧遍绵山,却没见介子推的身影,火熄后,人们才发现背着老母亲的介子推已坐在一棵老柳树下死了。晋文公见状,恸哭。为纪念介子推,晋文公下令每年的清明这一天禁止生火,大家都吃冷食,由此形成了寒食节。

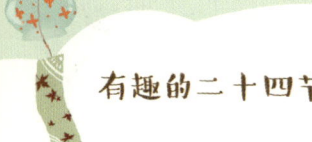

5. 节气谚语

雨打清明前 春雨定频繁。

清明难得晴，谷雨难得阴。

雨打清明前，洼地好种田。

6. 节气诗歌

清 明

〔唐〕杜牧

清明时节雨纷纷，路上行人欲断魂。

借问酒家何处有？牧童遥指杏花村。

请你思考

1. 你知道清明节有哪些活动吗？你最喜欢哪一项活动？为什么？
2. 四川人在清明节都吃什么美食呢？
3. 你知道《清明》这首诗的含义吗？请说一说你的理解。

请你提问

请提出你最感兴趣的问题，你能用一句话表达清楚吗？

_____

_____

请你组队

寻找对这个问题感兴趣的小伙伴或者能与你一起解决这个问题的人，组成活动团队吧！

A. _____（你计划第一位邀请的小伙伴的名字）

这位小伙伴在哪所学校读书？_____

这位小伙伴读几年级？_____

这位小伙伴多大了？_____

你为什么邀请他/她？_____

你认为他/她可以扮演什么角色？_____

这位小伙伴接受你的邀请了吗？为什么？ _____

B. _____（你计划第二位邀请的小伙伴的名字）

这位小伙伴在哪所学校读书？ _____

这位小伙伴读几年级？ _____

这位小伙伴多大了？ _____

你为什么邀请他/她？ _____

你认为他/她可以扮演什么角色？ _____

这位小伙伴接受你的邀请了吗？为什么？ _____

C. _____（你计划第三位邀请的小伙伴的名字）

这位小伙伴在哪所学校读书？ _____

这位小伙伴读几年级？ _____

这位小伙伴多大了？ _____

你为什么邀请他/她？ _____

你认为他/她可以扮演什么角色？ _____

这位小伙伴接受你的邀请了吗？为什么？ _____

（你还可以邀请更多的小伙伴参加活动）

请你策划

主题 你能把你最感兴趣的问题改写成陈述式的综合实践活动主题吗？

_____

背景 你为什么会提出这一问题？可以咨询老师，看一看活动主题还有哪些需要完善的地方，以及如何体现其价值。

_____

目标 请老师进行指导，进一步明确活动目标。

_____

活动目标表

目标维度	目标内容
价值体认	
责任担当	
问题解决	
创意物化	

主体 你最终确定了哪些人作为活动团队成员？

活动团队成员信息表

小伙伴的名字	小伙伴就读的学校	小伙伴所在的班级	小伙伴的年龄

分工 你的团队成员是怎么分工的？

团队成员分工表

组别	姓名	工作内容	工作要求	完成时间	工作成果

准备 活动开展之前,你的团队成员做了哪些准备工作?

1. 制定活动方案

   A. 未开始(赶紧与团队成员一起制定哟!)

   B. 正在进行(抓紧时间哟!)

   C. 已经完成(你和你的团队真棒!)

2. 准备活动材料

准备工作情况表

准备工作的内容	负责人	完成时间	完成效果

续表

准备工作的内容	负责人	完成时间	完成效果

活动 活动流程。

_____
_____
_____
_____
_____
_____
_____

预算

活动预算表

环节	开销	单价	数量	小计

安全 每个活动的场所不同，应采取什么措施保护团队成员的安全？

安全保障设计表

环节	安全措施	负责人	备注

评价 对每个团队成员在活动中的表现进行评价。

评价原则：

（1）客观性原则。评价要符合团队成员自身实际情况，不掺杂评价者的主观好恶和个人情感。

（2）发展性原则。评价能帮助团队成员自身发展及团队成员共同进步。

（3）激励性原则。评价的结果能激发团队成员的积极性，增强团队的凝聚力。

评价设计表

评价对象	评价依据	评价标准	评价人

有趣的二十四节气

请你汇报

活动结束后，请以适当的形式向同学和老师汇报综合实践活动的情况及成果。例如活动成果的展示形式有哪些？活动成果怎么呈现？在汇报过程中，人员如何安排、汇报材料如何准备？

1. 汇报形式

_____

_____

2. 活动成果呈现形式

_____

_____

3. 汇报工作分工

汇报工作分工表

组别	团队成员	负责工作	工作要求	完成时间	备注

请你评价

对每位团队成员进行评价。评价时请用一句话描述团队成员整体表现，然后按照100分制评价或者按照"优、良、中、差"等级评价。

团队成员评价结果表

序号	姓名	评语	得分/等级	备注

请你总结

1. 在这次综合实践活动中,你有哪些收获?

2. 你们的活动解决了实践中的什么问题?请提出初步的解决方案。

有趣的二十四节气

6. 谷 雨

请你观察

谷雨时节，柳絮飞落，杜鹃夜啼，牡丹吐蕊，樱桃红熟，满是暮春美景。

请你思考

1. 你知道谷雨的由来吗？
2. 你知道谷雨"三候"吗？
3. 你知道谷雨时节的习俗吗？
4. 你知道哪些描写谷雨时节的谚语和诗歌？

请你阅读

1. 节气由来

谷雨是"三月中"，农历二十四节气中的第六个节气，也是春季最后一个节气。此时太阳运行到黄经30°。时间点在4月19日或20日。谷雨源自古人"雨生百谷"的说法，此时降水量明显增加，田中的秧苗初插、作物新种，最需要雨水的滋润，正所谓"春雨贵如油"。降雨量充足且及时，谷类作物才能茁壮成长。

2. 节气"三候"

初候萍始生，谷雨后降雨量增多，浮萍开始生长。

二候鸣鸠拂其羽，布谷鸟开始提醒人们播种了。

三候戴胜降于桑，桑树上开始见到戴胜鸟。

3. 节气习俗

摘谷雨茶

南方有谷雨摘茶习俗，谷雨茶也就是雨前茶，是谷雨时节采制的春茶，又叫"二春茶"。春季温度适中，雨量充沛，加上茶树经半年冬季的休养生息，春梢芽叶肥硕，色泽翠绿，叶质柔软，富含多种维生素和氨基酸，滋味鲜美。传说喝了谷雨时节采的茶叶会清火、明目等，所以谷雨这天，很多人都会去茶山摘一些新茶回来泡水饮。

吃香椿

谷雨前后，香椿树萌发嫩芽，这时的香椿醇香爽口，营养价值高，有"雨前香椿嫩如丝"之说。香椿具有增强机体免疫力、健胃、理气、止泻等功效，所以北方有谷雨节气吃香椿的习俗。香椿拌豆腐、香椿炒鸡蛋，甚至只是简单地开水焯过，加盐调味，吃起来也是醇厚美味。

4. 节气故事

谷雨节的来历

陕西关中民间流传着这样一个故事。

相传在四千多年前，黄帝急需一位掌管史料的史官。

一天，黄帝发现了德才出众的仓颉，任命仓颉做了史官。他以结绳记事，国家大事记得清清楚楚，很受黄帝赏识。

后来结绳记事日显落后。一次，仓颉随一个猎人外出狩猎，猎人指着地上留下的各种野兽的踪迹讲述野兽的去向。仓颉深受启发："一个足印代表一种事物呢！"回家后，仓颉便打点行装外出考察。他爬山涉水，不耻下问，把看到的各种事物都按其特征表示出来，依类象形，始创文字。他制字有功，感动了天帝。当时天下正遭灾荒，天帝便命天兵天将打开天宫的粮仓，下了一场谷子雨，天下万民得救了。

仓颉死后，人们把他安葬在他的家乡——白水县史官镇北，墓门刻了一副对联："雨粟当年感天帝，同文永世配桥陵。"人们把祭祀仓颉的日子定为下谷子雨的那天，也就是现在的"谷雨节"。

有趣的二十四节气

如今,每逢谷雨节这天,白水县史官镇一带都会举行拜仓颉的庙会。

5. 节气谚语

谷雨前和后,种瓜又点豆。

谷雨有雨好种棉。

过了谷雨,不怕风雨。

6. 节气诗歌

不风不雨正晴和

〔清〕郑燮

不风不雨正晴和,翠竹亭亭好节柯。

最爱晚凉佳客至,一壶新茗泡松萝。

几枝新叶萧萧竹,数笔横皴淡淡山。

正好清明连谷雨,一杯香茗坐其间。

请你思考

1. 你所在的地方谷雨时节有什么活动吗?哪一项活动是你最感兴趣的?为什么?
2. 你听说过仓颉造字这个故事吗?请给大家讲一讲。
3. 你知道哪些郑燮写的诗?请给大家背一背。

请你提问

请提出你最感兴趣的问题,你能用一句话表达清楚吗?

_____

_____

请你组队

寻找对这个问题感兴趣的小伙伴或者能与你一起解决这个问题的人,组成活动团队吧!

A. _____(你计划第一位邀请的小伙伴的名字)

这位小伙伴在哪所学校读书?_____

这位小伙伴读几年级？_____

这位小伙伴多大了？_____

你为什么邀请他/她？_____

你认为他/她可以扮演什么角色？_____

这位小伙伴接受你的邀请了吗？为什么？_____

B. _____（你计划第二位邀请的小伙伴的名字）

这位小伙伴在哪所学校读书？_____

这位小伙伴读几年级？_____

这位小伙伴多大了？_____

你为什么邀请他/她？_____

你认为他/她可以扮演什么角色？_____

这位小伙伴接受你的邀请了吗？为什么？_____

C. _____（你计划第三位邀请的小伙伴的名字）

这位小伙伴在哪所学校读书？_____

这位小伙伴读几年级？_____

这位小伙伴多大了？_____

你为什么邀请他/她？_____

你认为他/她可以扮演什么角色？_____

这位小伙伴接受你的邀请了吗？为什么？_____

（你还可以邀请更多的小伙伴参加活动）

请你策划

主题 你能把你最感兴趣的问题改写成陈述式的综合实践活动主题吗？

_____

背景 你为什么会提出这一问题？可以咨询老师，看一看活动主题还有哪些需要完善的地方，以及如何体现其价值。

_____

目标 请老师进行指导，进一步明确活动目标。

_____

有趣的二十四节气

活动目标表

目标维度	目标内容
价值体认	
责任担当	
问题解决	
创意物化	

主体 你最终确定了哪些人作为活动团队成员？

活动团队成员信息表

小伙伴的名字	小伙伴就读的学校	小伙伴所在的班级	小伙伴的年龄

分工 你的团队成员是怎么分工的？

春耕

团队成员分工表

组别	姓名	工作内容	工作要求	完成时间	工作成果

准备 活动开展之前，你的团队成员做了哪些准备工作？

1. 制定活动方案

   A. 未开始（赶紧与团队成员一起制定哟！）

   B. 正在进行（抓紧时间哟！）

   C. 已经完成（你和你的团队真棒！）

2. 准备活动材料

准备工作情况表

准备工作的内容	负责人	完成时间	完成效果

有趣的二十四节气

续表

准备工作的内容	负责人	完成时间	完成效果

活动 活动流程。

_____

_____

_____

_____

_____

_____

_____

预算

活动预算表

环节	开销	单价	数量	小计

安全 每个活动的场所不同,应采取什么措施保护团队成员的安全?

安全保障设计表

环节	安全措施	负责人	备注

评价 对每个团队成员在活动中的表现进行评价。

评价原则:

(1)客观性原则。评价要符合团队成员自身实际情况,不掺杂评价者的主观好恶和个人情感。

(2)发展性原则。评价能帮助团队成员自身发展及团队成员共同进步。

(3)激励性原则。评价的结果能激发团队成员的积极性,增强团队的凝聚力。

评价设计表

评价对象	评价依据	评价标准	评价人

请你汇报

活动结束后，请以适当的形式向同学和老师汇报综合实践活动的情况及成果。例如活动成果的展示形式有哪些？活动成果怎么呈现？在汇报过程中，人员如何安排、汇报材料如何准备？

1. 汇报形式
   _____
   _____

2. 活动成果呈现形式
   _____
   _____

3. 汇报工作分工

汇报工作分工表

组别	团队成员	负责工作	工作要求	完成时间	备注

请你评价

对每位团队成员进行评价。评价时请用一句话描述团队成员整体表现，然后按照100分制评价或者按照"优、良、中、差"等级评价。

团队成员评价结果表

序号	姓名	评语	得分 / 等级	备注

请你总结

1. 在这次综合实践活动中,你有哪些收获?

    _____
    _____
    _____
    _____
    _____

2. 你们的活动解决了实践中的什么问题?请提出初步的解决方案。

    _____
    _____
    _____
    _____
    _____

夏耘

听取阵阵蝉鸣,蛙声一片;
闲看千里稻花,繁星点点;
赏荷采莲,戏水溪边;
捕流萤,捉蜻蜓……
瞧,乐趣无穷的夏天,
正悄悄地向你我走来!

7. 立 夏

请你观察

立夏拉开了夏天的序幕。善于发现的小朋友们,你们有没有注意到:天气渐渐地变热了,植物长得更加旺盛,蝼蝈开始鸣叫起来,蚯蚓也悄悄地爬到地面上来凑热闹……一切都在悄悄地告诉你:夏天来了!

请你思考

1. 你知道立夏的由来吗?

2. 你知道哪些关于立夏的故事?

3. 你知道立夏有哪些有意思的习俗吗?

4. 你知道哪些和立夏有关的唐诗、宋词或民间谚语?

5. 你知道立夏"三候"吗?

请你阅读

1. 节气由来

立夏是"四月节",农历二十四节气中的第七个节气。立夏是一个反映季节变化的节令,"立"是开始,"夏"是季节。按照传统认识,这是当年夏季的开始日。此时太阳运行到黄经45°。时间点在5月5日前后。

2. 节气"三候"

初候蝼蝈鸣。蝼蝈是一种褐黑色的蛙，随着它的鸣叫，夏天的味道浓了。

二候蚯蚓出。蚯蚓常年居于地下，天气逐渐变热，地下温度升高，蚯蚓也不耐烦了，钻出地面来凑凑热闹。

三候王瓜生。王瓜是一种药用爬藤植物，在立夏时节快速攀爬生长，到了六七月还会结出红色的果实。

3. 节气习俗

尝新活动

立夏有尝新等节日活动。如苏州有"立夏见三新"之谚，三新为樱桃、青梅、麦子，用以祭祖。在常熟，尝新的食物更为丰盛，有"九荤十三素"之说，九荤为鲫、咸蛋、螺蛳、腌鲜、卤虾等；十三素包括樱桃、梅子、笋、蚕豆、豌豆、黄瓜等。在南通，则吃煮鸡、鸭蛋。

斗蛋游戏

"立夏蛋，满街甩"，斗蛋通常是小孩子们的游戏。要用熟鸡蛋，一般是用白水带壳煮的囫囵蛋（蛋壳不能破损），经冷水浸过，然后装在用彩色丝线或绒线编成的网兜里，让孩子挂在脖子上。斗蛋的规则很简单，就是"比比谁的蛋壳硬"：大家各自手持鸡蛋，尖者为头，圆处为尾，蛋头撞蛋头，蛋尾击蛋尾，一个一个斗过去，斗破了壳的，认输，然后把蛋吃掉，而最后留下的那个斗不破的，被尊为"蛋王"。

4. 节气故事

立夏称人的由来

关于立夏秤人的习俗，大家知道是怎么来的吗？

相传东汉末年，天下三分。蜀国君主刘禅投降，被软禁在魏国都城洛阳。

蜀国大将孟获一心救主，来到洛阳，恳求魏国相国司马昭放了刘禅。司马昭告诉孟获，刘禅在洛阳生活得十分开心。孟获不信，坚持要见刘禅。可当看到刘禅本人后，他发现刘禅不仅玩物丧志，而且还不想回蜀国。

孟获虽然伤心，但还是要求司马昭保证刘禅可以吃饱喝足。于是司马昭就想出了给刘禅称体重的方法，来确保刘禅能吃饱喝足。

而这一天正好是立夏，于是就有了立夏称人的习俗。

5. 节气谚语

立夏日晴，必有旱情。

立夏刮阵风，小麦一场空。

立夏不拿扇，急煞种田汉。

6. 节气诗歌

小 池

〔宋〕杨万里

泉眼无声惜细流，树阴照水爱晴柔。

小荷才露尖尖角，早有蜻蜓立上头。

请你思考

1. 你知道哪些立夏植物？
2. 你对立夏的哪些习俗特别感兴趣？
3. 你知道立夏时节的哪些农业生产活动？

请你提问

请提出你最感兴趣的问题，你能用一句话表达清楚吗？

_____

_____

请你组队

寻找对这个问题感兴趣的小伙伴或者能与你一起解决这个问题的人，组成活动团队吧！

A. _____（你计划第一位邀请的小伙伴的名字）

这位小伙伴在哪所学校读书？_____

这位小伙伴读几年级？_____

这位小伙伴多大了？_____

你为什么邀请他/她？_____

你认为他/她可以扮演什么角色？_____

这位小伙伴接受你的邀请了吗？为什么？_____

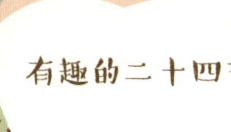

有趣的二十四节气

B. _____（你计划第二位邀请的小伙伴的名字）

这位小伙伴在哪所学校读书？_____

这位小伙伴读几年级？_____

这位小伙伴多大了？_____

你为什么邀请他/她？_____

你认为他/她可以扮演什么角色？_____

这位小伙伴接受你的邀请了吗？为什么？_____

C. _____（你计划第三位邀请的小伙伴的名字）

这位小伙伴在哪所学校读书？_____

这位小伙伴读几年级？_____

这位小伙伴多大了？_____

你为什么邀请他/她？_____

你认为他/她可以扮演什么角色？_____

这位小伙伴接受你的邀请了吗？为什么？_____

（你还可以邀请更多的小伙伴参加活动）

请你策划

主题 你能把你最感兴趣的问题改写成陈述式的综合实践活动主题吗？

_____

背景 你为什么会提出这一问题？可以咨询老师，看一看活动主题还有哪些需要完善的地方，以及如何体现其价值。

_____

目标 请老师进行指导，进一步明确活动目标。

_____

活动目标表

目标维度	目标内容
价值体认	
责任担当	
问题解决	
创意物化	

主体 你最终确定了哪些人作为活动团队成员?

活动团队成员信息表

小伙伴的名字	小伙伴就读的学校	小伙伴所在的班级	小伙伴的年龄

分工 你的团队成员是怎么分工的?

团队成员分工表

组别	姓名	工作内容	工作要求	完成时间	工作成果

有趣的二十四节气

续表

组别	姓名	工作内容	工作要求	完成时间	工作成果

准备 活动开展之前,你的团队成员做了哪些准备工作?

1. 制定活动方案
A. 未开始(赶紧与团队成员一起制定哟!)
B. 正在进行(抓紧时间哟!)
C. 已经完成(你和你的团队真棒!)
2. 准备活动材料

准备工作情况表

准备工作的内容	负责人	完成时间	完成效果

活动 活动流程。

_____

_____

_____
_____
_____
_____
_____

> 预算

活动预算表

环节	开销	单价	数量	小计

> 安全　每个活动的场所不同，应采取什么措施保护团队成员的安全？

安全保障设计表

环节	安全措施	负责人	备注

评价 对每个团队成员在活动中的表现进行评价。

评价原则：

（1）客观性原则。评价要符合团队成员自身实际情况，不掺杂评价者的主观好恶和个人情感。

（2）发展性原则。评价能帮助团队成员自身发展及团队成员共同进步。

（3）激励性原则。评价的结果能激发团队成员的积极性，增强团队的凝聚力。

评价设计表

评价对象	评价依据	评价标准	评价人

请你汇报

活动结束后，请以适当的形式向同学和老师汇报综合实践活动的情况及成果。例如活动成果的展示形式有哪些？活动成果怎么呈现？在汇报过程中，人员如何安排、汇报材料如何准备？

1. 汇报形式

_____

_____

2. 活动成果呈现形式

_____

_____

3. 汇报工作分工

汇报工作分工表

组别	团队成员	负责工作	工作要求	完成时间	备注

请你评价

对每位团队成员进行评价。评价时请用一句话描述团队成员整体表现，然后按照100分制评价或者按照"优、良、中、差"等级评价。

团队成员评价结果表

序号	姓名	评语	得分/等级	备注

有趣的二十四节气

请你总结

1. 在这次综合实践活动中,你有哪些收获?

_____
_____
_____
_____
_____

2. 你们的活动解决了实践中的什么问题?请提出初步的解决方案。

_____
_____
_____
_____
_____

8. 小 满

请你观察

暖风吹,苦菜长,荒滩野地是粮仓。田野里的麦穗,有一些鼓胀胀的,开始灌浆饱满了。此时降雨增多,雨量大,全国各地陆续进入夏季,农事活动处于繁忙的阶段。这个时节,如果你到田间走走,一定能看见那阳光照耀下的金色的麦田,美丽如画!

请你思考

1. 你知道小满的由来吗?

2. 你知道为什么二十四节气中只有小满而没有大满吗?

3. 你知道小满有哪些有意思的习俗吗?

4. 你知道哪些和小满有关的唐诗、宋词或民间谚语?

5. 你知道小满"三候"吗?

请你阅读

1. 节气由来

小满是"四月中",农历二十四节气中的第八个节气。此时太阳运行到黄经60°。时间点在5月20日或21日,此时处在"三夏"的孟夏阶段。《月令七十二候集解》载:"四月中,小满者,物致于此小得盈满。"是指此时北方地区麦类等夏熟作物籽粒已开始饱满,但还没有成熟。在南方民间民谚中,"满"字则有"雨水多"的意思。小满期间,长江中下游以南地区,往往处于江河湖满的状态。如果江河不满,则必定是遇上了干旱少雨的年份。所以此地也流传"小满不满,无水洗碗""小满不下,犁耙高挂"等民谚。

2. 节气"三候"

初候苦菜秀。苦菜是一种常见的野菜,有抗菌解热等药用功效。立夏时节,它已经长得十分茂盛了,人们纷纷去野外采来食用。

二候靡草死。喜阴的一些枝条细软的草类在强烈的阳光下开始枯死。根据古籍记载,靡草应该是一种喜阴的植物。小满节气,全国各个地方开始步入夏天,而靡草死正是小满节气气温升高的标志。

三候麦秋至。这里的"秋"指百谷成熟之期。虽然时间还是夏季,但对于麦子来说,却到了成熟的"秋",所以叫作"麦秋至"。

3. 节气习俗

祭蚕神

相传,小满这一天是蚕神的诞辰,江浙一带是蚕丝生产的重要地区,因此江浙一带在小满节气期间有一个祈蚕节。蚕是娇养的"宠物",很难养活,因此古人把蚕视作"天物"。为了祈求"天物"的宽恕,获得好的收成,养蚕的人家都会在小满这天祭祀蚕神,祈祷蚕宝宝能健康成长。

食野菜

食野菜是小满的习俗。苦菜是中国人最早食用的野菜之一。春风吹,苦菜长,荒滩野地是粮仓。苦菜苦中带涩,涩中带甜,新鲜爽口,清凉嫩香,营养丰富,对人的健康有很大的好处。

4. 节气故事

马头娘的故事

马头娘是中国神话中的蚕神。相传是马首人身的少女,故名。中国民间的桑蚕传说,流传年代久远,地域广泛。传说在远古时期,有一户人家,父亲和女儿相依为命,陪伴他们的只有一匹白马。这匹马不仅非常健壮,可以日行千里,而且很聪明,能够听懂人话。有一次,父亲出远门了,很长时间都没有回来。女儿非常着急,立誓谁能把父亲找回来,就以身相许。白马听到女儿的誓言,飞奔出门,没过多久,就把父亲接了回来。父女俩非常感激白马,对它悉心照料,但是人和马怎能结亲?父亲为了女儿,狠心杀了白马,还剥下马皮晾在院子里。不料,有一天,马皮突然飞起来将女儿卷走了。后来,人们发现姑娘和马皮悬在一棵大树上,他们化为了蚕。身披马皮的姑娘被供奉为蚕神,因为蚕头像马,所以她又被叫作"马头娘"。

5. 节气谚语

小满不满,麦有一险。
小满小满,麦粒渐满。
小满大满江河满。

6. 节气诗歌

小 满

〔宋〕欧阳修

夜莺啼绿柳,皓月醒长空。
最爱垄头麦,迎风笑落红。

请你思考

1. 你对小满的哪些习俗感兴趣呢?
2. 你知道《月令七十二候集解》吗?
3. 你理解"小满者,物致于此小得盈满"这句话的含义吗?从这句话中,你获得了怎样的启示呢?

请你提问

请提出你最感兴趣的问题,你能用一句话表达清楚吗?

_____
_____

请你组队

寻找对这个问题感兴趣的小伙伴或者能与你一起解决这个问题的人,组

有趣的二十四节气

成活动团队吧!

A. _____（你计划第一位邀请的小伙伴的名字）

这位小伙伴在哪所学校读书？_____

这位小伙伴读几年级？_____

这位小伙伴多大了？_____

你为什么邀请他/她？_____

你认为他/她可以扮演什么角色？_____

这位小伙伴接受你的邀请了吗？为什么？_____

B. _____（你计划第二位邀请的小伙伴的名字）

这位小伙伴在哪所学校读书？_____

这位小伙伴读几年级？_____

这位小伙伴多大了？_____

你为什么邀请他/她？_____

你认为他/她可以扮演什么角色？_____

这位小伙伴接受你的邀请了吗？为什么？_____

C. _____（你计划第三位邀请的小伙伴的名字）

这位小伙伴在哪所学校读书？_____

这位小伙伴读几年级？_____

这位小伙伴多大了？_____

你为什么邀请他/她？_____

你认为他/她可以扮演什么角色？_____

这位小伙伴接受你的邀请了吗？为什么？_____

（你还可以邀请更多的小伙伴参加活动）

请你策划

主题 你能把你最感兴趣的问题改写成陈述式的综合实践活动主题吗？

_____

背景 你为什么会提出这一问题？可以咨询老师，看一看活动主题还有哪些需要完善的地方，以及如何体现其价值。

_____

目标 请老师进行指导，进一步明确活动目标。

活动目标表

目标维度	目标内容
价值体认	
责任担当	
问题解决	
创意物化	

主体 你最终确定了哪些人作为活动团队成员？

活动团队成员信息表

小伙伴的名字	小伙伴就读的学校	小伙伴所在的班级	小伙伴的年龄

有趣的二十四节气

分工 你的团队成员是怎么分工的？

团队成员分工表

组别	姓名	工作内容	工作要求	完成时间	工作成果

准备 活动开展之前，你的团队成员做了哪些准备工作？

1. 制定活动方案
   A. 未开始（赶紧与团队成员一起制定哟！）
   B. 正在进行（抓紧时间哟！）
   C. 已经完成（你和你的团队真棒！）
2. 准备活动材料

准备工作情况表

准备工作的内容	负责人	完成时间	完成效果

续表

准备工作的内容	负责人	完成时间	完成效果

活动 活动流程。

_____
_____
_____
_____
_____
_____
_____

预算

活动预算表

环节	开销	单价	数量	小计

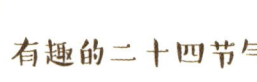

有趣的二十四节气

安全 每个活动的场所不同,应采取什么措施保护团队成员的安全?

安全保障设计表

环节	安全措施	负责人	备注

评价 对每个团队成员在活动中的表现进行评价。

评价原则:

(1)客观性原则。评价要符合团队成员自身实际情况,不掺杂评价者的主观好恶和个人情感。

(2)发展性原则。评价能帮助团队成员自身发展及团队成员共同进步。

(3)激励性原则。评价的结果能激发团队成员的积极性,增强团队的凝聚力。

评价设计表

评价对象	评价依据	评价标准	评价人

请你汇报

活动结束后，请以适当的形式向同学和老师汇报综合实践活动的情况及成果。例如活动成果的展示形式有哪些？活动成果怎么呈现？在汇报过程中，人员如何安排、汇报材料如何准备？

1. 汇报形式

   _____

   _____

2. 活动成果呈现形式

   _____

   _____

3. 汇报工作分工

汇报工作分工表

组别	团队成员	负责工作	工作要求	完成时间	备注

请你评价

对每位团队成员进行评价。评价时请用一句话描述团队成员整体表现，然后按照100分制评价或者按照"优、良、中、差"等级评价。

团队成员评价结果表

序号	姓名	评语	得分/等级	备注

请你总结

1. 在这次综合实践活动中，你有哪些收获？

_____
_____
_____
_____
_____
_____

2. 你们的活动解决了实践中的什么问题？请提出初步的解决方案。

_____
_____
_____
_____
_____
_____

9. 芒 种

请你观察

芒种时节,草丛里的小螳螂们开始破壳而出了!小朋友们,赶紧到你的"秘密基地",去看看小螳螂究竟长成什么样了吧!

请你思考

1. 你知道芒种的由来吗?
2. 你知道关于芒种的哪些故事?
3. 你知道芒种有哪些有意思的习俗吗?
4. 你知道哪些和芒种有关的唐诗、宋词或民间谚语?
5. 你知道芒种"三候"吗?

请你阅读

1. 节气由来

芒种是"五月节",农历二十四节气中的第九个节气。此时太阳运行到黄经75°。时间点在6月5日或6日,即"三夏"中仲夏开始的时候。芒种字面的意思是"有芒的麦子快收,有芒的稻子可种"。农民们忙收又忙种,进入一年中最忙的时期。芒种一到,春天绽放的花朵已经凋谢,荫浓叶厚的盛夏即将来临。

春争日、夏争时,"争时"即指这个时节的收种农忙。人们常说"三夏"大忙季节,即指忙于夏收、夏种和春播作物的夏管。此时长江中下游地

区将进入多雨的黄梅时节。

2. 节气"三候"

初候螳螂生。螳螂在上一年深秋产下的卵,到芒种时节破壳生出小螳螂。

二候鵙始鸣。鵙指伯劳鸟,是一种小型猛禽,喜欢捕捉昆虫、小鸟和鼠类。芒种时节,它出现在枝头,开始鸣叫。

三候反舌无声。能够学习其他鸟叫的反舌鸟在春天最活跃,到了芒种时节,它因感应到气候的变化而停止鸣叫。

3. 节气习俗

煮梅

芒种也是梅子成熟的时节,南方每到五六月份梅子就会成熟。三国时有"青梅煮酒论英雄"的典故。芒种时节有煮梅的习俗,这一习俗历史悠久,早在夏朝便已经有了。

由于梅子味道酸涩,很难直接食用,必须要加工后方可食用,便有了煮梅。煮梅的方法很多,有用糖与梅子一同煮或用糖与晒干的青梅混拌均匀,使梅汁浸出的,也有用盐与梅子一同煮或用盐与晒干的青梅混拌均匀,使梅汁浸出的,比较考究的还要在里面加入紫苏。北方产的乌梅在我国很有名气,将其与甘草、山楂、冰糖一同煮,便制成了消夏佳品——酸梅汤。如果在里面加入桂花卤,冰镇后再饮用,则其味更绝。现在有很多加工过的梅干蜜饯,如话梅、奶梅及甘草梅等,都大受人们的欢迎。

端午节

农历五月初五是端午节,一般在芒种节气前后。在这个节日里,人们包粽子、吃粽子、赛龙舟,一派热闹景象。另外,在这一天,家家户户在门口挂起新鲜的具有药用价值的艾草、菖蒲,以祈求健康平安。

4. 节气故事

端午节的故事

大家都知道端午节与屈原有关。屈原生活在战国时期,是楚国的大夫。他劝说楚怀王联合齐国共同抗秦,可是楚怀王并没有采纳屈原的建议。屈原眼见楚国衰落,一次次劝楚怀王远离小人,收罗人才,操练兵马。奸臣们把屈原视为眼中钉，非拔去不可，勾搭起来在国君面前说他的坏话。国君生气了，就把屈原赶得远远的。屈原被流放到洞庭湖边，他唱着悲伤的歌，瘦得不成样子。不久，楚国被打败的消息传来，他伤心得放声大哭，在五月初五那一天跳进汨罗江自尽了。屈原牺牲后，为了不让他的身体被鱼吃掉，人们连忙划着小船，把米饭撒在水里，还把米饭包成粽子祭奠他。端午节划龙船、吃粽子的习俗就是这样来的。

5. 节气谚语

芒种忙，麦上场。

芒种芒种，连收带种。

过了芒种不种稻，过了夏至不栽田。

6. 节气诗歌

芒种后积雨骤冷

〔宋〕范成大

梅霖倾泻九河翻，百渎交流海面宽。

良苦吴农田下湿，年年披絮插秧寒。

请你思考

1. 你知道"青梅煮酒论英雄"的典故吗？
2. 你知道哪些芒种植物？
3. 你对芒种的哪些习俗最感兴趣？

请你提问

请提出你最感兴趣的问题，你能用一句话表达清楚吗？

_____
_____

请你组队

寻找对这个问题感兴趣的小伙伴或者能与你一起解决这个问题的人，组成活动团队吧！

有趣的二十四节气

A. _____（你计划第一位邀请的小伙伴的名字）

这位小伙伴在哪所学校读书？_____

这位小伙伴读几年级？_____

这位小伙伴多大了？_____

你为什么邀请他/她？_____

你认为他/她可以扮演什么角色？_____

这位小伙伴接受你的邀请了吗？为什么？_____

B. _____（你计划第二位邀请的小伙伴的名字）

这位小伙伴在哪所学校读书？_____

这位小伙伴读几年级？_____

这位小伙伴多大了？_____

你为什么邀请他/她？_____

你认为他/她可以扮演什么角色？_____

这位小伙伴接受你的邀请了吗？为什么？_____

C. _____（你计划第三位邀请的小伙伴的名字）

这位小伙伴在哪所学校读书？_____

这位小伙伴读几年级？_____

这位小伙伴多大了？_____

你为什么邀请他/她？_____

你认为他/她可以扮演什么角色？_____

这位小伙伴接受你的邀请了吗？为什么？_____

（你还可以邀请更多的小伙伴参加活动）

请你策划

主题 你能把你最感兴趣的问题改写成陈述式的综合实践活动主题吗？

_____

背景 你为什么会提出这一问题？可以咨询老师，看一看活动主题还有哪些需要完善的地方，以及如何体现其价值。

_____

目标 请老师进行指导，进一步明确活动目标。

_____

活动目标表

目标维度	目标内容
价值体认	
责任担当	
问题解决	
创意物化	

主体 你最终确定了哪些人作为活动团队成员？

活动团队成员信息表

小伙伴的名字	小伙伴就读的学校	小伙伴所在的班级	小伙伴的年龄

有趣的二十四节气

分工 你的团队成员是怎么分工的？

团队成员分工表

组别	姓名	工作内容	工作要求	完成时间	工作成果

准备 活动开展之前，你的团队成员做了哪些准备工作？

1. 制定活动方案
A. 未开始（赶紧与团队成员一起制定哟！）
B. 正在进行（抓紧时间哟！）
C. 已经完成（你和你的团队真棒！）
2. 准备活动材料

准备工作情况表

准备工作的内容	负责人	完成时间	完成效果

续表

准备工作的内容	负责人	完成时间	完成效果

活动 活动流程。

_____
_____
_____
_____
_____
_____
_____

预算

活动预算表

环节	开销	单价	数量	小计

有趣的二十四节气

安全 每个活动的场所不同，应采取什么措施保护团队成员的安全？

安全保障设计表

环节	安全措施	负责人	备注

评价 对每个团队成员在活动中的表现进行评价。

评价原则：

（1）客观性原则。评价要符合团队成员自身实际情况，不掺杂评价者的主观好恶和个人情感。

（2）发展性原则。评价能帮助团队成员自身发展及团队成员共同进步。

（3）激励性原则。评价的结果能激发团队成员的积极性，增强团队的凝聚力。

评价设计表

评价对象	评价依据	评价标准	评价人

请你汇报

活动结束后，请以适当的形式向同学和老师汇报综合实践活动的情况及成果。例如活动成果的展示形式有哪些？活动成果怎么呈现？在汇报过程中，人员如何安排、汇报材料如何准备？

1. 汇报形式

_____

_____

2. 活动成果呈现形式

_____

_____

3. 汇报工作分工

汇报工作分工表

组别	团队成员	负责工作	工作要求	完成时间	备注

请你评价

对每位团队成员进行评价。评价时请用一句话描述团队成员整体表现，然后按照100分制评价或者按照"优、良、中、差"等级评价。

有趣的二十四节气

团队成员评价结果表

序号	姓名	评语	得分/等级	备注

请你总结

1. 在这次综合实践活动中,你有哪些收获?

   _____
   _____
   _____
   _____
   _____

2. 你们的活动解决了实践中的什么问题?请提出初步的解决方案。

   _____
   _____
   _____
   _____
   _____

10. 夏 至

请你观察

夏至后,气温逐渐升高,蝉开始躲在树上不知疲倦地鸣叫。小朋友们,请仔细地观察:是不是所有的蝉都会鸣叫呢?

请你思考

1. 你知道夏至的由来吗?
2. 你知道关于夏至的哪些故事?
3. 你知道夏至有哪些有意思的习俗吗?
4. 你知道哪些和夏至有关的唐诗、宋词或民间谚语?
5. 你知道夏至"三候"吗?

请你阅读

1. 节气由来

夏至是"五月中",农历二十四节气中的第十个节气。此时太阳运行到黄经90°。时间点在6月21日或22日,处在"三夏"的仲夏阶段。

夏至日,太阳直射地面的位置到达一年中的最北端,直射北回归线,此时,北半球白昼时间达到全年最长。之后太阳直射点逐渐南移,北半球白昼时间逐渐变短。夏至节气,全国大部分地区气温较高,日照充足,频繁的雷雨对农业生产和居民生活影响较大。

2. 节气"三候"

一候鹿角解。鹿角一般指鹿已经骨化的老角，在每年夏至日前后便开始自然脱落。

二候蝉始鸣。夏至后，雄蝉鼓起腹部，躲在树上无休止地鸣叫。

三候半夏生。半夏是一种喜阴的药草，因在仲夏的沼泽地或水田中生长，所以得名。由此可见，在炎热的仲夏，一些喜阴的植物开始出现。

3. 节气习俗

夏至食面

自古以来，中国民间就有"冬至馄饨夏至面"的说法。在夏至这一天，家家户户吃夏至面。长长的面条，象征夏至的白天最长。实际上，这时候新麦上场了，吃一碗新麦做的面条，又好吃又吉利。

消夏避伏

以前，我国很多地方有夏至日互相赠送折扇、脂粉等消夏避暑物的习俗。折扇用来扇风驱热。脂粉可以涂抹在身上，以驱散体热，防止生痱子。在古代，宫廷会在夏至之后，拿出"冬藏夏用"的冰块消暑降温。

4. 节气故事

盘古开天辟地

在古代，夏至有一个非常重要的习俗，那就是祭神祭祖、祭天祭地。说到祭天祭地，大家知道天地是怎么来的吗？

话说很久以前，世界没有人类，也没有天地，整个世界就像一个鸡蛋，一片混沌。在这片混沌中，孕育出一位神灵，他的名字叫盘古。他沉睡了整整一万八千年，忽然有一天，他醒了过来。可是他的眼前一片混沌，什么也看不见。愤怒的他一气之下，用自己像巨斧一般的右手劈开了整个混沌。于是，天地就此形成了。盘古去世后，他身体的各个部位就变成了日月星辰、山川河流。

5. 节气谚语

夏至东风摇，麦子水里捞。

夏至有雨三伏热，重阳无雨一冬晴。

日长长到夏至，日短短到冬至。

6. 节气诗歌

夏至雨霁与陈履常暮行溪上二首（其一）

〔宋〕杨万里

夕凉恰恰好溪行，暮色催人底急生。

半路蛙声迎步止，一荧松火隔篱明。

请你思考

1. 你对夏至的哪些习俗最感兴趣？
2. 你知道哪些夏至的节气故事？
3. 你知道哪些夏至植物？

请你提问

请提出你最感兴趣的问题，你能用一句话表达清楚吗？

_____

_____

请你组队

寻找对这个问题感兴趣的小伙伴或者能与你一起解决这个问题的人，组成活动团队吧！

A. _____（你计划第一位邀请的小伙伴的名字）

这位小伙伴在哪所学校读书？_____

这位小伙伴读几年级？_____

这位小伙伴多大了？_____

你为什么邀请他/她？_____

你认为他/她可以扮演什么角色？_____

这位小伙伴接受你的邀请了吗？为什么？_____

B. _____（你计划第二位邀请的小伙伴的名字）

这位小伙伴在哪所学校读书？_____

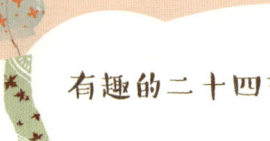

有趣的二十四节气

这位小伙伴读几年级？＿＿＿＿＿＿＿＿＿＿＿＿＿＿＿＿＿
这位小伙伴多大了？＿＿＿＿＿＿＿＿＿＿＿＿＿＿＿＿＿＿
你为什么邀请他/她？＿＿＿＿＿＿＿＿＿＿＿＿＿＿＿＿＿
你认为他/她可以扮演什么角色？＿＿＿＿＿＿＿＿＿＿＿＿
这位小伙伴接受你的邀请了吗？为什么？＿＿＿＿＿＿＿＿
C. ＿＿＿＿＿（你计划第三位邀请的小伙伴的名字）
这位小伙伴在哪所学校读书？＿＿＿＿＿＿＿＿＿＿＿＿＿
这位小伙伴读几年级？＿＿＿＿＿＿＿＿＿＿＿＿＿＿＿＿＿
这位小伙伴多大了？＿＿＿＿＿＿＿＿＿＿＿＿＿＿＿＿＿＿
你为什么邀请他/她？＿＿＿＿＿＿＿＿＿＿＿＿＿＿＿＿＿
你认为他/她可以扮演什么角色？＿＿＿＿＿＿＿＿＿＿＿＿
这位小伙伴接受你的邀请了吗？为什么？＿＿＿＿＿＿＿＿
（你还可以邀请更多的小伙伴参加活动）

请你策划

主题 你能把你最感兴趣的问题改写成陈述式的综合实践活动主题吗？

＿＿＿＿＿＿＿＿＿＿＿＿＿＿＿＿＿＿＿＿＿＿＿＿＿＿＿＿＿＿

背景 你为什么会提出这一问题？可以咨询老师，看一看活动主题还有哪些需要完善的地方，以及如何体现其价值。

＿＿＿＿＿＿＿＿＿＿＿＿＿＿＿＿＿＿＿＿＿＿＿＿＿＿＿＿＿＿

目标 请老师进行指导，进一步明确活动目标。

＿＿＿＿＿＿＿＿＿＿＿＿＿＿＿＿＿＿＿＿＿＿＿＿＿＿＿＿＿＿

活动目标表

目标维度	目标内容
价值体认	
责任担当	
问题解决	
创意物化	

主体 你最终确定了哪些人作为活动团队成员？

活动团队成员信息表

小伙伴的名字	小伙伴就读的学校	小伙伴所在的班级	小伙伴的年龄

分工 你的团队成员是怎么分工的？

团队成员分工表

组别	姓名	工作内容	工作要求	完成时间	工作成果

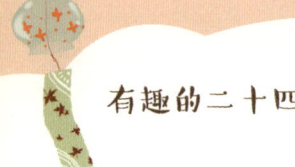

有趣的二十四节气

续表

组别	姓名	工作内容	工作要求	完成时间	工作成果

准备 活动开展之前,你的团队成员做了哪些准备工作?

1. 制定活动方案
   A. 未开始(赶紧与团队成员一起制定哟!)
   B. 正在进行(抓紧时间哟!)
   C. 已经完成(你和你的团队真棒!)
2. 准备活动材料

准备工作情况表

准备工作的内容	负责人	完成时间	完成效果

活动 活动流程。

_____

_____

预算

活动预算表

环节	开销	单价	数量	小计

安全 每个活动的场所不同,应采取什么措施保护团队成员的安全?

安全保障设计表

环节	安全措施	负责人	备注

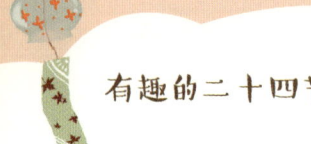

有趣的二十四节气

评价 对每个团队成员在活动中的表现进行评价。

评价原则：

（1）客观性原则。评价要符合团队成员自身实际情况，不掺杂评价者的主观好恶和个人情感。

（2）发展性原则。评价能帮助团队成员自身发展及团队成员共同进步。

（3）激励性原则。评价的结果能激发团队成员的积极性，增强团队的凝聚力。

评价设计表

评价对象	评价依据	评价标准	评价人

请你汇报

活动结束后，请以适当的形式向同学和老师汇报综合实践活动的情况及成果。例如活动成果的展示形式有哪些？活动成果怎么呈现？在汇报过程中，人员如何安排、汇报材料如何准备？

1. 汇报形式

_____

_____

2. 活动成果呈现形式

_____

_____

3. 汇报工作分工

汇报工作分工表

组别	团队成员	负责工作	工作要求	完成时间	备注

请你评价

对每位团队成员进行评价。评价时请用一句话描述团队成员整体表现，然后按照100分制评价或者按照"优、良、中、差"等级评价。

团队成员评价结果表

序号	姓名	评语	得分/等级	备注

有趣的二十四节气

请你总结

1. 在这次综合实践活动中,你有哪些收获?

   _____
   _____
   _____
   _____
   _____

2. 你们的活动解决了实践中的什么问题?请提出初步的解决方案。

   _____
   _____
   _____
   _____
   _____

11. 小 暑

请你观察

随着小暑的到来,你有没有发现:大地上所有的风都带着热浪,擅长"弹琴"的蟋蟀们也开始离开了田野,到庭院的墙角下避暑热啦!到院子里去转转吧,说不定就能偶遇这些避暑的蟋蟀哟!

请你思考

1. 你知道小暑的由来吗?
2. 你知道关于小暑的哪些故事?
3. 你知道小暑有哪些有意思的习俗吗?
4. 你知道哪些和小暑有关的唐诗、宋词或民间谚语?
5. 你知道小暑"三候"吗?

请你阅读

1. 节气由来

小暑是"六月节",农历二十四节气中的第十一个节气。此时太阳运行到黄经105°。时间点在7月7日或8日,正是"三夏"中的季夏开始之时。小暑的"暑"表示炎热的意思,"小"是炎热的程度。古人认为小暑还不是一

年中最热的时候，故称"小暑"。就是说一年中最热的时期将要到来，但还未达到极至。

《月令七十二候集解》载："六月暑，热也，就热之中分为大小，月初为小，月中为大。今则热气犹小也。"此时正值初伏前后，我国大部分地区即将进入一年中最热的时期，对付暑热是人们当前的主要任务。

小暑是一个反映气温变化的节令，对农民来讲，小暑期间是夏秋作物田间管理的重要时刻，这时节阳光充足，雨量充沛，气温恒高，农作物生长特别快，田间的杂草也随之狂长，因此农谚说"小暑连大暑，锄草防涝莫踌躇""小暑雨涟涟，防汛最当先"。

2. 节气"三候"

初候温风至。小暑时节，大地上不再有一丝凉风，而是所有的风中都带着热浪。

二候蟋蟀居壁。由于炎热，蟋蟀离开了田野，到庭院的墙角下避暑热。

三候鹰始鸷。老鹰因地面气温太高而选择搏击长空，变得更加凶猛。

3. 节气习俗

喝消暑汤或粥

"热在三伏"，小暑是伏天的开始，天气热的时候要多喝粥，用荷叶、土茯苓、扁豆、薏米等材料煲成的消暑汤或粥，或甜或咸，非常适合此节气食用，多吃水果也有助于防暑，但是不要食用过量，以免增加肠胃负担，严重的会造成腹泻。

小暑"食新"

小暑到来，意味夏季高温天气即将来临。为了应对即将到来的炎热天气，同时表示对最早一轮谷物收获的感恩，中国民间逐渐形成"食新""祭祀五谷大神"等习俗。"食新"即在小暑过后尝新米，农民将新割的稻谷碾成米后，做好饭供祀五谷大神和祖先，表示对大自然以及祖先的感恩；城镇居民一般买少量新米与老米同煮，再加上新上市的蔬菜等。所以，民间有"小暑吃黍、大暑吃谷"之说。

4. 节气故事

扔百索子的故事

这个故事和牛郎、织女有关。相传牛郎和织女被银河分割在两岸，一年中只有农历七月初七这天可以相会。可是宽广的银河上没有桥，也没有船，怎么才能过去呢？孩子们十分同情他们，就在农历六月初六这一天，把百索子扔上屋顶，让喜鹊衔着飞上天。这样，银河上架起了一座像彩虹一样的特殊的鹊桥，帮助牛郎和织女跨越银河见面。百索子是什么呢？原来它是端午节戴在手上，图个吉利的一种小玩意儿。一个百索子算不了什么，但千千万万个连接起来，就能穿过银河啦！

5. 节气谚语

小暑过，一日热三分。

小暑一声雷，黄梅去又回。

小暑若刮西南风，农家忙碌一场空。

6. 节气诗歌

小暑六月节

〔唐〕元稹

倏忽温风至，因循小暑来。

竹喧先觉雨，山暗已闻雷。

户牖深青霭，阶庭长绿苔。

鹰鹯新习学，蟋蟀莫相催。

请你思考

1. 你知道黍和谷有什么区别吗？
2. 伏天时，你在家最喜欢食用哪些避暑食物呢？

请你提问

请提出你最感兴趣的问题，你能用一句话表达清楚吗？

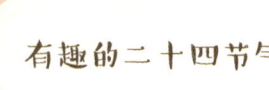
有趣的二十四节气

请你组队

寻找对这个问题感兴趣的小伙伴或者能与你一起解决这个问题的人,组成活动团队吧!

A. _____(你计划第一位邀请的小伙伴的名字)

这位小伙伴在哪所学校读书?_____

这位小伙伴读几年级?_____

这位小伙伴多大了?_____

你为什么邀请他/她?_____

你认为他/她可以扮演什么角色?_____

这位小伙伴接受你的邀请了吗?为什么?_____

B. _____(你计划第二位邀请的小伙伴的名字)

这位小伙伴在哪所学校读书?_____

这位小伙伴读几年级?_____

这位小伙伴多大了?_____

你为什么邀请他/她?_____

你认为他/她可以扮演什么角色?_____

这位小伙伴接受你的邀请了吗?为什么?_____

C. _____(你计划第三位邀请的小伙伴的名字)

这位小伙伴在哪所学校读书?_____

这位小伙伴读几年级?_____

这位小伙伴多大了?_____

你为什么邀请他/她?_____

你认为他/她可以扮演什么角色?_____

这位小伙伴接受你的邀请了吗?为什么?_____

(你还可以邀请更多的小伙伴参加活动)

请你策划

主题 你能把你最感兴趣的问题改写成陈述式的综合实践活动主题吗?

_____

背景 你为什么会提出这一问题？可以咨询老师，看一看活动主题还有哪些需要完善的地方，以及如何体现其价值。

目标 请老师进行指导，进一步明确活动目标。

活动目标表

目标维度	目标内容
价值体认	
责任担当	
问题解决	
创意物化	

主体 你最终确定了哪些人作为活动团队成员？

活动团队成员信息表

小伙伴的名字	小伙伴就读的学校	小伙伴所在的班级	小伙伴的年龄

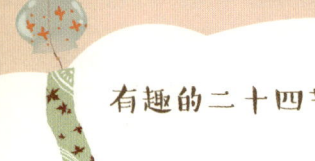

有趣的二十四节气

分工 你的团队成员是怎么分工的？

团队成员分工表

组别	姓名	工作内容	工作要求	完成时间	工作成果

准备 活动开展之前，你的团队成员做了哪些准备工作？

1. 制定活动方案
A. 未开始（赶紧与团队成员一起制定哟！）
B. 正在进行（抓紧时间哟！）
C. 已经完成（你和你的团队真棒！）
2. 准备活动材料

准备工作情况表

准备工作的内容	负责人	完成时间	完成效果

续表

准备工作的内容	负责人	完成时间	完成效果

活动 活动流程。

_____
_____
_____
_____
_____
_____
_____
_____

预算

活动预算表

环节	开销	单价	数量	小计

有趣的二十四节气

安全 每个活动的场所不同,应采取什么措施保护团队成员的安全?

安全保障设计表

环节	安全措施	负责人	备注

评价 对每个团队成员在活动中的表现进行评价。

评价原则:

(1)客观性原则。评价要符合团队成员自身实际情况,不掺杂评价者的主观好恶和个人情感。

(2)发展性原则。评价能帮助团队成员自身发展及团队成员共同进步。

(3)激励性原则。评价的结果能激发团队成员的积极性,增强团队的凝聚力。

评价设计表

评价对象	评价依据	评价标准	评价人

请你汇报

活动结束后，请以适当的形式向同学和老师汇报综合实践活动的情况及成果。例如活动成果的展示形式有哪些？活动成果怎么呈现？在汇报过程中，人员如何安排、汇报材料如何准备？

1. 汇报形式

   _____
   _____

2. 活动成果呈现形式

   _____
   _____

3. 汇报工作分工

汇报工作分工表

组别	团队成员	负责工作	工作要求	完成时间	备注

请你评价

对每位团队成员进行评价。评价时请用一句话描述团队成员整体表现，然后按照100分制评价或者按照"优、良、中、差"等级评价。

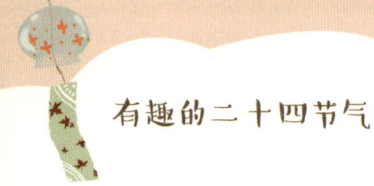

有趣的二十四节气

团队成员评价结果表

序号	姓名	评语	得分/等级	备注

请你总结

1. 在这次综合实践活动中，你有哪些收获？

_____

_____

_____

_____

2. 你们的活动解决了实践中的什么问题？请提出初步的解决方案。

_____

_____

_____

_____

12. 大 暑

请你观察

大暑过后,萤火虫给炎热的夏天增添一道美丽的风景。小朋友们,叫上小伙伴,和爸爸妈妈一起,在宁静的夏夜,去欣赏星空下那一群一群的小精灵——萤火虫吧!

请你思考

1. 你知道大暑的由来吗?
2. 你知道关于大暑的哪些故事?
3. 你知道大暑有哪些有意思的习俗吗?
4. 你知道哪些和大暑有关的唐诗、宋词或民间谚语?
5. 你知道大暑"三候"吗?

请你阅读

1. 节气由来

大暑是"六月中",农历二十四节气中的第十二个节气。此时太阳运行到黄经120°。时间点在7月22日或23日,处在"三夏"的季夏阶段。

这时节的骄阳如烈火,大地上热气蒸腾,阴雨时,天气闷得令人喘不过气来,人们想尽办法来对付暑热。这种酷暑难耐的日子,前后要持续近一个月之久。

2. 节气"三候"

初候腐草为萤。萤火虫栖息在温暖潮湿、草木繁盛的地方,古人误以为它是由腐草变成的。

二候土润溽暑。天气开始变得闷热,土地潮湿,大地好像一个巨大的蒸笼,影响着人的心情和健康,但是庄稼的长势让人对生活充满希望。

三候大雨时行。大暑时常有大的雷雨出现,大雨使暑湿减弱。

3. 节气习俗

吃仙草

广东很多地方在大暑时节有吃仙草的习俗。仙草又名"凉粉草""仙人草",是重要的药食两用植物资源,具有消暑功效。茎叶晒干后可以做成烧仙草,广东一带叫"凉粉",是一种消暑的甜品。

喝暑羊

华北地区有在大暑这一天喝暑羊(即喝羊肉汤)的习俗。经过紧张的夏收劳动,人们非常疲倦,应该好好休息一下了。于是,全家聚在一起,每人吃一个香喷喷的新麦馍馍,喝一碗味道鲜美的羊肉汤。

4. 节气故事

送"大暑船"的故事

送"大暑船"这一民间习俗由来已久。传闻在清朝同治年间,浙江沿海一带常有瘟疫流行,尤以大暑节前后为甚。当地的居民认为是"五圣",也就是五位瘟神所致,于是,便在葭沚江边建了一座五圣庙,时常进行祈求许愿的活动,希望祛病消灾。由于葭沚处于椒江口附近,沿江渔民居多,为了祈求出海捕鱼平安,大家决定在大暑这一天集体供奉"五圣",并将载有供品的船只送至椒江口外,为"五圣"享用,以表虔诚之心,此为送"大暑船"的初衷。随着时代的变迁,如今人们也不再绝对地把"五圣"当作凶神,民间还流传着许多关于"五圣"在海上帮助渔民解除险情、送水送粮的传说。虽然传说不同,但"送大暑船"的形式却流传至今。

5. 节气谚语

大暑热不透,大热在秋后。

大暑不暑，五谷不鼓。

小暑不见日头，大暑晒开石头。

6. 节气诗歌

大　暑

〔南宋〕曾几

赤日几时过，清风无处寻。

经书聊枕籍，瓜李漫浮沉。

兰若静复静，茅茨深又深。

炎蒸乃如许，那更惜分阴。

请你思考

1. 你对大暑的哪些习俗最感兴趣？
2. 你见过萤火虫吗？你知道萤火虫为什么会发光吗？
3. 你了解太阳运行的规律吗？

请你提问

请提出你最感兴趣的问题，你能用一句话表达清楚吗？

_____

_____

请你组队

寻找对这个问题感兴趣的小伙伴或者能与你一起解决这个问题的人，组成活动团队吧！

A. _____（你计划第一位邀请的小伙伴的名字）

这位小伙伴在哪所学校读书？_____

这位小伙伴读几年级？_____

这位小伙伴多大了？_____

你为什么邀请他/她？_____

你认为他/她可以扮演什么角色？_____

这位小伙伴接受你的邀请了吗？为什么？_____

有趣的二十四节气

B. _____（你计划第二位邀请的小伙伴的名字）

这位小伙伴在哪所学校读书？_____

这位小伙伴读几年级？_____

这位小伙伴多大了？_____

你为什么邀请他/她？_____

你认为他/她可以扮演什么角色？_____

这位小伙伴接受你的邀请了吗？为什么？_____

C. _____（你计划第三位邀请的小伙伴的名字）

这位小伙伴在哪所学校读书？_____

这位小伙伴读几年级？_____

这位小伙伴多大了？_____

你为什么邀请他/她？_____

你认为他/她可以扮演什么角色？_____

这位小伙伴接受你的邀请了吗？为什么？_____

（你还可以邀请更多的小伙伴参加活动）

请你策划

主题 你能把你最感兴趣的问题改写成陈述式的综合实践活动主题吗？

_____

背景 你为什么会提出这一问题？可以咨询老师，看一看活动主题还有哪些需要完善的地方，以及如何体现其价值。

_____

目标 请老师进行指导，进一步明确活动目标。

_____

活动目标表

目标维度	目标内容
价值体认	
责任担当	
问题解决	
创意物化	

主体 你最终确定了哪些人作为活动团队成员?

活动团队成员信息表

小伙伴的名字	小伙伴就读的学校	小伙伴所在的班级	小伙伴的年龄

分工 你的团队成员是怎么分工的?

团队成员分工表

组别	姓名	工作内容	工作要求	完成时间	工作成果

有趣的二十四节气

准备 活动开展之前，你的团队成员做了哪些准备工作？

1. 制定活动方案
   A. 未开始（赶紧与团队成员一起制定哟！）
   B. 正在进行（抓紧时间哟！）
   C. 已经完成（你和你的团队真棒！）
2. 准备活动材料

准备工作情况表

准备工作的内容	负责人	完成时间	完成效果

活动 活动流程。

_____
_____
_____
_____
_____
_____
_____

预算

活动预算表

环节	开销	单价	数量	小计

安全 每个活动的场所不同，应采取什么措施保护团队成员的安全？

安全保障设计表

环节	安全措施	负责人	备注

评价 对每个团队成员在活动中的表现进行评价。

评价原则：

（1）客观性原则。评价要符合团队成员自身实际情况，不掺杂评价者的主观好恶和个人情感。

（2）发展性原则。评价能帮助团队成员自身发展及团队成员共同进步。

（3）激励性原则。评价的结果能激发团队成员的积极性，增强团队的凝聚力。

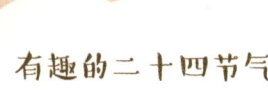

有趣的二十四节气

评价设计表

评价对象	评价依据	评价标准	评价人

请你汇报

活动结束后,请以适当的形式向同学和老师汇报综合实践活动的情况及成果。例如活动成果的展示形式有哪些?活动成果怎么呈现?在汇报过程中,人员如何安排、汇报材料如何准备?

1. 汇报形式

_____

_____

2. 活动成果呈现形式

_____

_____

3. 汇报工作分工

汇报工作分工表

组别	团队成员	负责工作	工作要求	完成时间	备注

续表

组别	团队成员	负责工作	工作要求	完成时间	备注

请你评价

对每位团队成员进行评价。评价时请用一句话描述团队成员整体表现，然后按照100分制评价或者按照"优、良、中、差"等级评价。

团队成员评价结果表

序号	姓名	评语	得分/等级	备注

请你总结

1. 在这次综合实践活动中，你有哪些收获？

_____
_____
_____
_____
_____

有趣的二十四节气

2. 你们的活动解决了实践中的什么问题？请提出初步的解决方案。

_____
_____
_____
_____
_____

秋收

秋风凉凉，暑气消消；
秋阳漫漫，稻禾灿灿；
秋叶飘飘，晴空寥寥；
秋雨潇潇，谷穗香香；
绚烂缤纷的秋天，
载着五彩飘香的果实，
笑盈盈地走向我们！

有趣的二十四节气

13. 立 秋

请你观察

立秋拉开了秋天的大幕。善于发现的小朋友们，你们有没有注意到：天气渐渐地变凉了，树叶变黄、飘落，果实挂满枝头，大雁准备南飞，小动物们整天忙忙碌碌收集食物……一切都在悄悄地告诉你：秋天来了！

请你思考

1. 你知道立秋的由来吗？
2. 你知道关于立秋的哪些故事？
3. 你知道立秋有哪些有意思的习俗吗？
4. 你知道哪些和立秋有关的唐诗、宋词或民间谚语？
5. 你知道立秋"三候"吗？

请你阅读

1. 节气由来

立秋是"七月节"，农历二十四节气中的第十三个节气，是秋天的第一个节气，标志着孟秋时节正式开始。立秋时，梧桐树开始落叶，因此有"落叶知秋"的成语。"秋"是禾谷成熟的意思。秋季是天气由热转凉，再由凉转寒的过渡性季节。此时太阳运行到黄经135°。时间点在8月7日或8日。

立秋之后，天气依然很热，还有一"伏"，"秋老虎"依然存在，因此仍

旧要注意防暑，但是，大自然还是有了变化，出现了中午热、早晚凉的"秥（gá）秥天"。

2. 节气"三候"

初候凉风至。立秋时节，早晚一阵阵凉风吹来，人们会感觉到凉爽，没有盛夏那么热了。

二候白露降。大雨过后的清晨，凉风吹来，空气中的水蒸气在植物上凝结成一颗颗晶莹的露珠。

三候寒蝉鸣。此时食物充足，温度适宜，蝉在被微风吹动的树枝上得意地鸣叫着，好像在告诉人们炎热的夏天马上就要过去了。

3. 节气习俗

立秋节

立秋节，也称"七月节"，流行于全国各地。农历七月间（公历8月8日前后）过节。在周代，此日天子亲率三公九卿等到西郊迎秋，祭祀。民间以立秋在朝在夜来占卜天气凉热，有"朝立秋、冷飕飕；夜立秋，热到头"之说。立秋有秤人、吃西瓜、祭祖等风俗。

啃秋

"啃秋"在有些地方也称为"咬秋"。立秋这天吃西瓜或香瓜，称"咬秋"，寓意炎炎夏日酷热难熬，时逢立秋，将其咬住。农人的啃秋在瓜棚里，在树荫下，三五成群，席地而坐，抱着红瓤西瓜啃，抱着绿瓤香瓜啃，抱着白生生的山芋啃，抱着金黄黄的玉米棒子啃。啃秋抒发的，实际上是一种丰收的喜悦。

4. 节气故事

牛郎织女的传说

传说从前有个人叫牛郎，他是一个孤儿，跟着哥哥嫂子生活。有一次，嫂子把他赶了出去，他只好和一头老牛待在一起。这头老牛很有灵性，后来，在老牛的帮助下，他认识了从天上下凡游玩的织女，他们相爱了。织女嫁给牛郎后，夫妻俩一个在外面耕田，一个在家里织布，生了一儿一女，生活非常幸福。想不到天帝查出了这件事，叫王母娘娘押着织女回天宫接受审

有趣的二十四节气

判。老牛不忍心瞧着他们妻离子散，就撞断了头上的角，变成一只小船，让牛郎挑着儿女乘船追赶。王母娘娘拔下头上的金钗，在天空划出一条宽阔的银河，把他们分开了。牛郎没有办法，只能在河边远远望着织女哭泣。王母娘娘见他们可怜，不忍心，只好答应他们每年"七月七"见一面。这件事感动了好心的喜鹊。每年的"七月七"，许多喜鹊就会飞来，搭起鹊桥帮助他们见面。

5. 节气谚语

立秋末伏，鸡蛋晒熟。

立秋早晚凉，中午汗还淌。

立秋三场雨，夏布衣裳高搁起。

6. 节气诗歌

山居秋暝

〔唐〕王维

空山新雨后，天气晚来秋。
明月松间照，清泉石上流。
竹喧归浣女，莲动下渔舟。
随意春芳歇，王孙自可留。

请你思考

1. 你知道立秋后有哪些饮食禁忌吗？
2. 你知道哪些关于秋天的古诗词呢？
3. 你知道秋天时树叶为什么变黄、飘落吗？
4. 你对立秋的哪些习俗特别感兴趣？

请你提问

请提出你最感兴趣的问题，你能用一句话表达清楚吗？

_____

_____

请你组队

寻找对这个问题感兴趣的小伙伴或者能与你一起解决这个问题的人,组成活动团队吧!

A. ＿＿＿＿＿＿（你计划第一位邀请的小伙伴的名字）

这位小伙伴在哪所学校读书?＿＿＿＿＿＿＿＿＿＿＿＿＿＿＿＿＿＿

这位小伙伴读几年级?＿＿＿＿＿＿＿＿＿＿＿＿＿＿＿＿＿＿＿＿＿

这位小伙伴多大了?＿＿＿＿＿＿＿＿＿＿＿＿＿＿＿＿＿＿＿＿＿＿

你为什么邀请他/她?＿＿＿＿＿＿＿＿＿＿＿＿＿＿＿＿＿＿＿＿＿

你认为他/她可以扮演什么角色?＿＿＿＿＿＿＿＿＿＿＿＿＿＿＿＿

这位小伙伴接受你的邀请了吗?为什么?＿＿＿＿＿＿＿＿＿＿＿＿

B. ＿＿＿＿＿＿（你计划第二位邀请的小伙伴的名字）

这位小伙伴在哪所学校读书?＿＿＿＿＿＿＿＿＿＿＿＿＿＿＿＿＿＿

这位小伙伴读几年级?＿＿＿＿＿＿＿＿＿＿＿＿＿＿＿＿＿＿＿＿＿

这位小伙伴多大了?＿＿＿＿＿＿＿＿＿＿＿＿＿＿＿＿＿＿＿＿＿＿

你为什么邀请他/她?＿＿＿＿＿＿＿＿＿＿＿＿＿＿＿＿＿＿＿＿＿

你认为他/她可以扮演什么角色?＿＿＿＿＿＿＿＿＿＿＿＿＿＿＿＿

这位小伙伴接受你的邀请了吗?为什么?＿＿＿＿＿＿＿＿＿＿＿＿

C. ＿＿＿＿＿＿（你计划第三位邀请的小伙伴的名字）

这位小伙伴在哪所学校读书?＿＿＿＿＿＿＿＿＿＿＿＿＿＿＿＿＿＿

这位小伙伴读几年级?＿＿＿＿＿＿＿＿＿＿＿＿＿＿＿＿＿＿＿＿＿

这位小伙伴多大了?＿＿＿＿＿＿＿＿＿＿＿＿＿＿＿＿＿＿＿＿＿＿

你为什么邀请他/她?＿＿＿＿＿＿＿＿＿＿＿＿＿＿＿＿＿＿＿＿＿

你认为他/她可以扮演什么角色?＿＿＿＿＿＿＿＿＿＿＿＿＿＿＿＿

这位小伙伴接受你的邀请了吗?为什么?＿＿＿＿＿＿＿＿＿＿＿＿

(你还可以邀请更多的小伙伴参加活动)

请你策划

主题 你能把你最感兴趣的问题改写成陈述式的综合实践活动主题吗?

＿＿＿＿＿＿＿＿＿＿＿＿＿＿＿＿＿＿＿＿＿＿＿＿＿＿＿＿＿＿＿＿

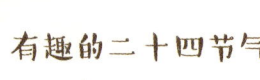

有趣的二十四节气

背景 你为什么会提出这一问题？可以咨询老师，看一看活动主题还有哪些需要完善的地方，以及如何体现其价值。

目标 请老师进行指导，进一步明确活动目标。

活动目标表

目标维度	目标内容
价值体认	
责任担当	
问题解决	
创意物化	

主体 你最终确定了哪些人作为活动团队成员？

活动团队成员信息表

小伙伴的名字	小伙伴就读的学校	小伙伴所在的班级	小伙伴的年龄

秋收

分工 你的团队成员是怎么分工的？

团队成员分工表

组别	姓名	工作内容	工作要求	完成时间	工作成果

准备 活动开展之前，你的团队成员做了哪些准备工作？

1. 制定活动方案

    A. 未开始（赶紧与团队成员一起制定哟！）

    B. 正在进行（抓紧时间哟！）

    C. 已经完成（你和你的团队真棒！）

2. 准备活动材料

准备工作情况表

准备工作的内容	负责人	完成时间	完成效果

续表

准备工作的内容	负责人	完成时间	完成效果

活动 活动流程。

_____
_____
_____
_____
_____
_____
_____
_____

预算

活动预算表

环节	开销	单价	数量	小计

秋收

安全 每个活动的场所不同，应采取什么措施保护团队成员的安全？

安全保障设计表

环节	安全措施	负责人	备注

评价 对每个团队成员在活动中的表现进行评价。

评价原则：

（1）客观性原则。评价要符合团队成员自身实际情况，不掺杂评价者的主观好恶和个人情感。

（2）发展性原则。评价能帮助团队成员自身发展及团队成员共同进步。

（3）激励性原则。评价的结果能激发团队成员的积极性，增强团队的凝聚力。

评价设计表

评价对象	评价依据	评价标准	评价人

有趣的二十四节气

请你汇报

活动结束后，请以适当的形式向同学和老师汇报综合实践活动的情况及成果。例如活动成果的展示形式有哪些？活动成果怎么呈现？在汇报过程中，人员如何安排、汇报材料如何准备？

1. 汇报形式

   _____

   _____

2. 活动成果呈现形式

   _____

   _____

3. 汇报工作分工

汇报工作分工表

组别	团队成员	负责工作	工作要求	完成时间	备注

请你评价

对每位团队成员进行评价。评价时请用一句话描述团队成员整体表现，然后按照100分制评价或者按照"优、良、中、差"等级评价。

团队成员评价结果表

序号	姓名	评语	得分 / 等级	备注

请你总结

1. 在这次综合实践活动中,你有哪些收获?

    _____
    _____
    _____
    _____
    _____

2. 你们的活动解决了实践中的什么问题?请提出初步的解决方案。

    _____
    _____
    _____
    _____
    _____

有趣的二十四节气

14. 处 暑

请你观察

随着处暑的到来,你有没有感觉到,早晚天气变凉了,但中午还如酷暑般烈日炎炎?这个时节,"秋老虎"还在发威,酷热难当。如果天外忽来一阵雨,便凉快了许多,秋的凉味越来越浓。

请你思考

1. 你知道处暑的由来吗?
2. 你知道处暑的"处"是什么意思吗?
3. 你知道处暑有哪些有意思的习俗吗?
4. 你知道哪些和处暑有关的唐诗、宋词或民间谚语?
5. 你知道处暑"三候"吗?

请你阅读

1. 节气由来

处暑,即为"出暑",是炎热离开的意思。处暑是"七月中",农历二十四节气的第十四个节气。此时太阳运行到黄经150°。时间点在8月23日或24日,还处在"三秋"的孟秋阶段。处暑节气意味着即将进入气象意义的秋天,处暑后中国长江以北地区气温逐渐下降。《月令七十二候集解》说:"处,止也,暑气至此而止矣。""处"是终止的意思,表示炎热即将过去,暑气将于这一天结束,我国大部分地区气温逐渐下降。

2. 节气"三候"

一候鹰乃祭鸟。处暑时节,老鹰开始大量捕杀鸟类,看似用猎物来祭天,实际上是把猎物摆在面前慢慢地吃。

秋收

二候天地始肃。气温逐渐下降，天地间万物开始凋零，大自然充满肃杀之气。

三候禾乃登。"禾"是黍、稷、稻、粱等农作物的总称。"登"就是成熟的意思。五谷成熟了，秋收的季节到了。

3. 节气习俗

处暑立年景

处暑时节决定全年的收成之景。处暑节气正值农作物收成时刻，古时人们举行各种仪式来祭祖以及拜谢土地爷。处暑以后，除华南和西南地区外，我国大部分地区雨季即将结束，降水逐渐减少，水稻成熟收割。尤其是华北、东北和西北地区必须抓紧蓄水、保墒，以防秋种期间出现干旱而延误冬作物的播种期。

开渔节

处暑时节，沿海地区常会举行多种形式的祭海祈福活动，欢送渔民出海，期盼渔业丰收。浙江象山自1998年举办第一届中国开渔节后，每年都会举办一次。开渔节不仅有庄严肃穆的祭海仪式，还会开展各种文化、旅游、经贸活动。

4. 节气故事

祝融的故事

传说祝融是炎帝的儿子、精卫的长兄，深得部族内外的爱戴。

最初，精卫因贪玩于东海溺亡，炎帝悲伤过度，无心政务，逐渐把部族权力交给了祝融。黄帝部族与炎帝部族合并后，祝融被封为"火神"，成为炎黄部族最主要的大臣之一。

在其他大臣的配合赞襄下，祝融威信日隆。水神共工嫉恨祝融，心中不平："水火都是人们离不了的，为什么人们亲近祝融，而无视我的存

有趣的二十四节气

在？！"于是共工公开向祝融挑战。两人各使神通，杀得天昏地暗，共工战败逃奔，撞倒了擎天柱不周山，致使天塌地陷，尸横遍野。

黄帝迫于部族长老的压力，含泪下令处死祝融，祝融也深悔自己的鲁莽给天下带来的灾祸，于是请求黄帝留存自己的魂魄，寄托于莲花之上，沿河漂流，召领死难的亡灵，以赎罪孽，黄帝应允。

因祝融主理夏暑季节，所以处死祝融的这天就被称为"处暑"。后来每逢处暑，人们到河边燃放河灯，寄托对故去亲人的思念。

5. 节气谚语

立秋忙打靛（打草料），处暑动刀镰。

处暑不带耙，误了来年夏。

处暑里的雨，谷仓里的米。

6. 节气诗歌

长江二首（其一）

〔南宋〕苏泂

处暑无三日，新凉直万金。
白头更世事，青草印禅心。
放鹤婆娑舞，听蛩断续吟。
极知仁者寿，未必海之深。

请你思考

1. 你对处暑的哪些习俗感兴趣呢？

2. 你能读懂《长江二首》（其一）的意思吗？你还知道哪些关于处暑的诗歌？

3. 你发现了哪些处暑后的自然现象呢？

请你提问

请提出你最感兴趣的问题，你能用一句话表达清楚吗？

_____

_____

请你组队

寻找对这个问题感兴趣的小伙伴或者能与你一起解决这个问题的人,组成活动团队吧!

A. _____ (你计划第一位邀请的小伙伴的名字)

这位小伙伴在哪所学校读书? _____

这位小伙伴读几年级? _____

这位小伙伴多大了? _____

你为什么邀请他/她? _____

你认为他/她可以扮演什么角色? _____

这位小伙伴接受你的邀请了吗?为什么? _____

B. _____ (你计划第二位邀请的小伙伴的名字)

这位小伙伴在哪所学校读书? _____

这位小伙伴读几年级? _____

这位小伙伴多大了? _____

你为什么邀请他/她? _____

你认为他/她可以扮演什么角色? _____

这位小伙伴接受你的邀请了吗?为什么? _____

C. _____ (你计划第三位邀请的小伙伴的名字)

这位小伙伴在哪所学校读书? _____

这位小伙伴读几年级? _____

这位小伙伴多大了? _____

你为什么邀请他/她? _____

你认为他/她可以扮演什么角色? _____

这位小伙伴接受你的邀请了吗?为什么? _____

(你还可以邀请更多的小伙伴参加活动)

请你策划

主题 你能把你最感兴趣的问题改写成陈述式的综合实践活动主题吗?

_____

有趣的二十四节气

背景 你为什么会提出这一问题?可以咨询老师,看一看活动主题还有哪些需要完善的地方,以及如何体现其价值。

目标 请老师进行指导,进一步明确活动目标。

活动目标表

目标维度	目标内容
价值体认	
责任担当	
问题解决	
创意物化	

主体 你最终确定了哪些人作为活动团队成员?

活动团队成员信息表

小伙伴的名字	小伙伴就读的学校	小伙伴所在的班级	小伙伴的年龄

分工 你的团队成员是怎么分工的?

团队成员分工表

组别	姓名	工作内容	工作要求	完成时间	工作成果

准备 活动开展之前,你的团队成员做了哪些准备工作?

1. 制定活动方案

A. 未开始(赶紧与团队成员一起制定哟!)

B. 正在进行(抓紧时间哟!)

C. 已经完成(你和你的团队真棒!)

2. 准备活动材料

准备工作情况表

准备工作的内容	负责人	完成时间	完成效果

有趣的二十四节气

续表

准备工作的内容	负责人	完成时间	完成效果

活动 活动流程。

_____
_____
_____
_____
_____
_____
_____
_____

预算

活动预算表

环节	开销	单价	数量	小计

安全 每个活动的场所不同，应采取什么措施保护团队成员的安全？

安全保障设计表

环节	安全措施	负责人	备注

评价 对每个团队成员在活动中的表现进行评价。

评价原则：

（1）客观性原则。评价要符合团队成员自身实际情况，不掺杂评价者的主观好恶和个人情感。

（2）发展性原则。评价能帮助团队成员自身发展及团队成员共同进步。

（3）激励性原则。评价的结果能激发团队成员的积极性，增强团队的凝聚力。

评价设计表

评价对象	评价依据	评价标准	评价人

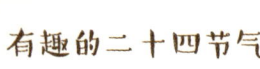

有趣的二十四节气

请你汇报

活动结束后，请以适当的形式向同学和老师汇报综合实践活动的情况及成果。例如活动成果的展示形式有哪些？活动成果怎么呈现？在汇报过程中，人员如何安排、汇报材料如何准备？

1. 汇报形式

_____

_____

2. 活动成果呈现形式

_____

_____

3. 汇报工作分工

汇报工作分工表

组别	团队成员	负责工作	工作要求	完成时间	备注

请你评价

对每位团队成员进行评价。评价时请用一句话描述团队成员整体表现，然后按照100分制评价或者按照"优、良、中、差"等级评价。

团队成员评价结果表

序号	姓名	评语	得分/等级	备注

请你总结

1. 在这次综合实践活动中，你有哪些收获？

　

2. 你们的活动解决了实践中的什么问题？请提出初步的解决方案。

有趣的二十四节气

15. 白 露

请你观察

当你在晨光中看到草木上白色的露水；当你看到蔚蓝的天空中，大雁成群结队赶往南方，为过冬做准备，那是白露悄悄地来了。

请你思考

1. 你知道白露的由来吗？
2. 你知道关于白露的哪些故事吗？
3. 你知道白露有哪些有意思的习俗吗？
4. 你知道哪些和白露有关的唐诗、宋词或民间谚语？
5. 你知道白露"三候"吗？

请你阅读

1. 节气由来

白露是"八月节"，农历二十四节气中的第十五个节气。此时太阳运行到黄经165°。时间点在9月7日或8日，表示"三秋"中的孟秋结束而仲秋开始。此后，天气逐渐转凉，白昼阳光尚热，然太阳一归山，气温便很快下降，至夜间空气中的水汽便遇冷凝结成细小的水滴，非常密集地附着在花草树木的绿色茎叶或花瓣上，呈白色，尤其是经早晨的太阳光照射，看上去更加晶莹剔透、洁白无瑕，惹人喜爱，因而得"白露"美名。

2. 节气"三候"

初候鸿雁来。白露时节，天气转凉，大雁感受到气温的变化，开始南飞避寒。

二候玄鸟归。这时候，燕子启程，也飞往南方了。

三候群鸟养羞。"羞"指粮食。喜鹊和麻雀等留鸟要储藏粮食，迎接不久就会到来的冬天。

3. 节气习俗

喝米酒

每年白露时节一到，我国很多地方都有酿酒的习俗。这时候，家家户户都会酿制"白露酒"。它是用糯米、高粱等酿成的，略带甜味，故又被称为"白露米酒"。

喝白露清茶

在我国民间，白露时节主要有收清露、酿五谷酒、喝白露茶等习俗。其中，收清露是白露最特别的一个习俗，明朝李时珍的《本草纲目》记载："秋露繁时，以盘收取，煎如饴，令人延年不饥。"而民间还有有"春茶苦，夏茶涩，要喝茶，秋白露"的说法。此时的茶树经过了夏季的酷热，到了秋意渐浓的白露节气，生长最好时，这时候的茶就最好喝。

4. 节气故事

白露的传说

禹王，也就是大禹，是传说中的治水英雄，一些地方称他为"水路菩萨"。每年正月初八、清明、七月初七和白露时节，当地将举行祭禹王的香会，其中清明、白露春秋两祭的规模最大，历时一周。在祭禹王的同时，还祭土地神、花神、蚕花姑娘、门神、宅神、姜太公等。活动期间，《打渔杀家》是必演的一台戏，它寄托了人们对美好生活的一种祈盼和向往。

5. 节气谚语

中秋前后是白露，棉花开始大批收。

喝了白露水，蚊子闭了嘴。

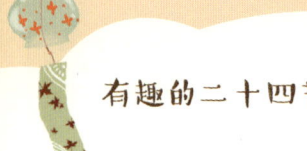

白露秋风夜，一夜凉一夜。

6. 节气诗歌

衰 荷
〔唐〕白居易

白露凋花花不残，
凉风吹叶叶初干。
无人解爱萧条境，
更绕衰丛一匝看。

请你思考

1. 你知道白露时节有哪些有趣的自然现象吗？
2. 你对白露的哪些习俗最感兴趣？
3. 你知道哪些白露植物？

请你提问

请提出你最感兴趣的问题，你能用一句话表达清楚吗？

_____

_____

请你组队

寻找对这个问题感兴趣的小伙伴或者能与你一起解决这个问题的人，组成活动团队吧！

A. _____（你计划第一位邀请的小伙伴的名字）

这位小伙伴在哪所学校读书？_____

这位小伙伴读几年级？_____

这位小伙伴多大了？_____

你为什么邀请他/她？_____

你认为他/她可以扮演什么角色？_____

这位小伙伴接受你的邀请了吗？为什么？_____

B. _____（你计划第二位邀请的小伙伴的名字）

秋收

这位小伙伴在哪所学校读书？_____
这位小伙伴读几年级？_____
这位小伙伴多大了？_____
你为什么邀请他/她？_____
你认为他/她可以扮演什么角色？_____
这位小伙伴接受你的邀请了吗？为什么？_____

C. _____（你计划第三位邀请的小伙伴的名字）
这位小伙伴在哪所学校读书？_____
这位小伙伴读几年级？_____
这位小伙伴多大了？_____
你为什么邀请他/她？_____
你认为他/她可以扮演什么角色？_____
这位小伙伴接受你的邀请了吗？为什么？_____

（你还可以邀请更多的小伙伴参加活动）

请你策划

主题 你能把你最感兴趣的问题改写成陈述式的综合实践活动主题吗？

_____

背景 你为什么会提出这一问题？可以咨询老师，看一看活动主题还有哪些需要完善的地方，以及如何体现其价值。

_____

目标 请老师进行指导，进一步明确活动目标。

_____

活动目标表

目标维度	目标内容
价值体认	
责任担当	
问题解决	
创意物化	

有趣的二十四节气

主体 你最终确定了哪些人作为活动团队成员？

活动团队成员信息表

小伙伴的名字	小伙伴就读的学校	小伙伴所在的班级	小伙伴的年龄

分工 你的团队成员是怎么分工的？

团队成员分工表

组别	姓名	工作内容	工作要求	完成时间	工作成果

续表

组别	姓名	工作内容	工作要求	完成时间	工作成果

准备 活动开展之前,你的团队成员做了哪些准备工作?

1. 制定活动方案

A. 未开始(赶紧与团队成员一起制定哟!)

B. 正在进行(抓紧时间哟!)

C. 已经完成(你和你的团队真棒!)

2. 准备活动材料

准备工作情况表

准备工作的内容	负责人	完成时间	完成效果

活动 活动流程。

_____

_____

有趣的二十四节气

_____
_____
_____
_____
_____

> 预算

活动预算表

环节	开销	单价	数量	小计

> 安全　每个活动的场所不同，应采取什么措施保护团队成员的安全？

安全保障设计表

环节	安全措施	负责人	备注

秋收

评价 对每个团队成员在活动中的表现进行评价。

评价原则：

（1）客观性原则。评价要符合团队成员自身实际情况，不掺杂评价者的主观好恶和个人情感。

（2）发展性原则。评价能帮助团队成员自身发展及团队成员共同进步。

（3）激励性原则。评价的结果能激发团队成员的积极性，增强团队的凝聚力。

评价设计表

评价对象	评价依据	评价标准	评价人

请你汇报

活动结束后，请以适当的形式向同学和老师汇报综合实践活动的情况及成果。例如活动成果的展示形式有哪些？活动成果怎么呈现？在汇报过程中，人员如何安排、汇报材料如何准备？

1. 汇报形式

2. 活动成果呈现形式

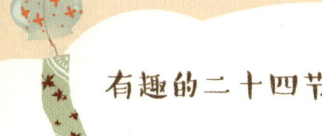

有趣的二十四节气

3. 汇报工作分工

汇报工作分工表

组别	团队成员	负责工作	工作要求	完成时间	备注

请你评价

对每位团队成员进行评价。评价时请用一句话描述团队成员整体表现，然后按照100分制评价或者按照"优、良、中、差"等级评价。

团队成员评价结果表

序号	姓名	评语	得分/等级	备注

请你总结

1. 在这次综合实践活动中,你有哪些收获?
   _____
   _____
   _____
   _____
   _____
   _____

2. 你们的活动解决了实践中的什么问题?请提出初步的解决方案。
   _____
   _____
   _____
   _____
   _____
   _____
   _____

有趣的二十四节气

16. 秋 分

请你观察

那一天,白天和黑夜一样长,均为12小时;高度和影子一样长:如果你处于北纬45°线上,那秋分这一天用不着爬高,测量影子高度即可以得出建筑物高度;赤道上的人没影子,也就是说,秋分这一天,如果你地处赤道,你在太阳光下看不到自己的影子。

请你思考

1. 你知道秋分的由来吗?
2. 你知道关于秋分的哪些故事吗?
3. 你知道秋分有哪些有意思的习俗吗?
4. 你知道哪些和秋分有关的唐诗、宋词或民间谚语?
5. 你知道秋分"三候"吗?

请你阅读

1. 节气由来

秋分是"八月中",农历二十四节气中的第十六个节气。此时太阳运行到黄经180°。时间点在9月22日或23日,处在"三秋"的仲秋阶段。秋分之"分"为"半"之意。"分"示昼夜平分之意,同春分一样,秋分这一天,太阳直射地球赤道,昼夜相等。秋分之后,北半球各地昼短夜长,南半球各地昼长夜短。

秋分时节,我国大部分地区已经进入凉爽的秋季,南下的冷空气与逐渐衰减的暖湿空气相遇,产生一次次的降水,气温也一次次地下降。正如人们常说的那样,已经到了"一场秋雨一场寒"的时候,但秋分之后的日降水量不会很大。此时,南、北方的田间耕作各有不同。

2. 节气"三候"

初候雷始收声。秋分时节不打雷了。夜晚观察北斗七星,能看到斗柄指向西方。

二候蛰虫坯户。天气变冷,蛰居的小虫开始钻进洞里,用泥土把藏身的窟窿眼封起来,以防寒气入侵。

三候水始涸。秋分时节雨水减少,天气变得干燥,水汽蒸发快,一些小河、水塘逐渐干涸。

3. 节气习俗

粘雀子嘴

秋分这一天,一些地方的农民会按习俗放假,每家都要吃汤圆,而且还要把十多个或二三十个不用包心的汤圆煮好,用细竹叉扦着放在室外田边地坎,防止雀子来破坏庄稼,俗称"粘雀子嘴"。

吃月饼

秋分前后正逢中秋佳节,中秋节的传统食品是月饼。中秋吃月饼,最先见于苏东坡的"小饼如嚼月,中有酥与饴"之句,相传始于元代,如今,月饼的品种和口味逐渐变得多起来。

4. 节气故事

秋分的传说

秋分曾是传统的"祭月节"。如古有"春祭日,秋祭月"之说。现在的中秋节则是由传统的"祭月节"演变而来的。

据考证,最初"祭月节"是定在"秋分"这一天,不过由于这一天在农历八月里的日子每年不同,不一定都有圆月,而祭月无月则是大煞风景的。所以,后来就将"祭月节"由"秋分"调至中秋。

有趣的二十四节气

据史书记载,早在周朝,古代帝王就有春分祭日、夏至祭地、秋分祭月、冬至祭天的习俗。其祭祀的场所称为"日坛""地坛""月坛""天坛"。分设在东南西北四个方向。北京的月坛就是明清皇帝祭月的地方。《礼记》载:"天子春朝日,秋夕月。朝日之朝,夕月之夕。"这里的夕月之夕,指的正是夜晚祭祀月亮。这种风俗不仅为宫廷及上层贵族所奉行,随着社会的发展,也逐渐影响到民间。

5. 节气谚语

秋分到寒露,种麦不延误。
秋分秋分,昼夜平分。
白露过秋分,农事忙纷纷。

6. 节气诗歌

静夜思
〔唐〕李白
床前明月光,疑是地上霜。
举头望明月,低头思故乡。

请你思考

1. 你知道秋分这天为什么昼夜平分吗?
2. 你知道哪些秋分植物吗?
3. 你对秋分的哪些习俗最感兴趣?

请你提问

请提出你最感兴趣的问题,你能用一句话表达清楚吗?
_____
_____

请你组队

寻找对这个问题感兴趣的小伙伴或者能与你一起解决这个问题的人,组成活动团队吧!

秋收

A. _____（你计划第一位邀请的小伙伴的名字）

这位小伙伴在哪所学校读书？_____

这位小伙伴读几年级？_____

这位小伙伴多大了？_____

你为什么邀请他/她？_____

你认为他/她可以扮演什么角色？_____

这位小伙伴接受你的邀请了吗？为什么？_____

B. _____（你计划第二位邀请的小伙伴的名字）

这位小伙伴在哪所学校读书？_____

这位小伙伴读几年级？_____

这位小伙伴多大了？_____

你为什么邀请他/她？_____

你认为他/她可以扮演什么角色？_____

这位小伙伴接受你的邀请了吗？为什么？_____

C. _____（你计划第三位邀请的小伙伴的名字）

这位小伙伴在哪所学校读书？_____

这位小伙伴读几年级？_____

这位小伙伴多大了？_____

你为什么邀请他/她？_____

你认为他/她可以扮演什么角色？_____

这位小伙伴接受你的邀请了吗？为什么？_____

（你还可以邀请更多的小伙伴参加活动）

请你策划

主题 你能把你最感兴趣的问题改写成陈述式的综合实践活动主题吗？

_____

背景 你为什么会提出这一问题？可以咨询老师，看一看活动主题还有哪些需要完善的地方，以及如何体现其价值。

_____

有趣的二十四节气

目标 请老师进行指导,进一步明确活动目标。

活动目标表

目标维度	目标内容
价值体认	
责任担当	
问题解决	
创意物化	

主体 你最终确定了哪些人作为活动团队成员?

活动团队成员信息表

小伙伴的名字	小伙伴就读的学校	小伙伴所在的班级	小伙伴的年龄

分工 你的团队成员是怎么分工的?

秋收

团队成员分工表

组别	姓名	工作内容	工作要求	完成时间	工作成果

准备 活动开展之前，你的团队成员做了哪些准备工作？

1. 制定活动方案

A. 未开始（赶紧与团队成员一起制定哟！）

B. 正在进行（抓紧时间哟！）

C. 已经完成（你和你的团队真棒！）

2. 准备活动材料

准备工作情况表

准备工作的内容	负责人	完成时间	完成效果

有趣的二十四节气

续表

准备工作的内容	负责人	完成时间	完成效果

活动 活动流程。

_____
_____
_____
_____
_____
_____
_____

预算

活动预算表

环节	开销	单价	数量	小计

秋收

安全 每个活动的场所不同，应采取什么措施保护团队成员的安全？

安全保障设计表

环节	安全措施	负责人	备注

评价 对每个团队成员在活动中的表现进行评价。

评价原则：

（1）客观性原则。评价要符合团队成员自身实际情况，不掺杂评价者的主观好恶和个人情感。

（2）发展性原则。评价能帮助团队成员自身发展及团队成员共同进步。

（3）激励性原则。评价的结果能激发团队成员的积极性，增强团队的凝聚力。

评价设计表

评价对象	评价依据	评价标准	评价人

有趣的二十四节气

请你汇报

活动结束后，请以适当的形式向同学和老师汇报综合实践活动的情况及成果。例如活动成果的展示形式有哪些？活动成果怎么呈现？在汇报过程中，人员如何安排、汇报材料如何准备？

1. 汇报形式

   _____

   _____

2. 活动成果呈现形式

   _____

   _____

3. 汇报工作分工

汇报工作分工表

组别	团队成员	负责工作	工作要求	完成时间	备注

请你评价

对每位团队成员进行评价。评价时请用一句话描述团队成员整体表现，然后按照100分制评价或者按照"优、良、中、差"等级评价。

秋收

团队成员评价结果表

序号	姓名	评语	得分/等级	备注

请你总结

1. 在这次综合实践活动中，你有哪些收获？

   _____
   _____
   _____
   _____
   _____
   _____

2. 你们的活动解决了实践中的什么问题？请提出初步的解决方案。

   _____
   _____
   _____
   _____
   _____
   _____

有趣的二十四节气

17. 寒 露

请你观察

当天气越来越冷，你越穿越多时，寒露已悄然而至。你看，远处的山上层林尽染，一群群大雁排成人字形飞往远处；近处的菊花已经盛开了，田野里的稻谷收割接近尾声。

请你思考

1. 你知道寒露的由来吗？
2. 你知道关于寒露的哪些故事？
3. 你知道寒露有哪些有意思的习俗吗？
4. 你知道哪些和寒露有关的唐诗、宋词或民间谚语？
5. 你知道寒露"三候"吗？

请你阅读

1. 节气由来

寒露是"九月节"，农历二十四节气中的第十七个节气。此时太阳运行到黄经195°。时间点在10月8日前后，标志着"三秋"中的季秋开始。《月令七十二候集解》说："九月节，露气寒冷，将凝结也。"寒露气温比白露时更低，地面的露水更冷，快要凝结成霜了。气温逐渐下降，寒露是天气从凉爽到寒冷的过渡，我们可以隐约听到冬天的脚步声了。

秋收

2. 节气"三候"

初候鸿雁来宾。此时鸿雁排成一字或人字形的队列大举南迁。古人说，雁以仲秋先至者为主，季秋后至者为宾。

二候雀入大水为蛤。深秋天寒，雀鸟都不见了，古人看到海边突然出现很多蛤蜊，并且贝壳的条纹及颜色与雀鸟很相似，所以便以为它们是雀鸟变成的。

三候菊有黄华。此时菊花已普遍开放，正是赏菊好时机。

3. 节气习俗

吃花糕

由于天气渐冷，树木花草凋零在即，故人们谓此为"辞青"。九九登高，还要吃花糕，因"高"与"糕"谐音，故应节糕点谓之"重阳花糕"，寓意"步步高升"。花糕主要有"糙花糕""细花糕"和"金钱花糕"。粘些香菜叶以为标志，中间夹上青果、小枣、核桃仁之类的干果。细花糕有3层、2层不等，每层中间都夹有较细的蜜饯干果，如苹果脯、桃脯、杏脯、乌枣之类；金钱花糕与细花糕基本同样，但个儿较小，如同"金钱"一般。

登 高

众所周知，重阳节登高的习俗由来已久。由于重阳节在寒露节气前后，寒露节气宜人的气候又十分适合登山，慢慢的重阳节登高的习俗也成了寒露节气的习俗。登高寓意"步步高升""高寿"。古时登高源于"避祸"。

4. 节气故事

荞麦不过寒露

据说在很久以前，人们都是靠天吃饭，经常吃不饱，发生饥荒。人们就想找一种庄稼，能够很短时间就成熟，可找来找去就是找不到。

这时候天上有个叫荞麦的仙女，看到人间大饥荒饿死了不少人，就从天庭的粮仓里偷了一种种子，并把它扔到了人间。

可没多久，荞麦偷种子的事情就被玉皇大帝知道了。

"大胆荞麦，你可知私偷仙种是何罪？"

"禀告玉帝，人间饥荒，生灵涂炭，我等神仙岂能坐视不管？！"

玉帝还是一脸铁青，说："人间有人间的规则，胡乱把仙种扔下界，必有大乱。"

说完，玉帝下令："来呀，将荞麦关押起来。"然后问众神仙："此种已下到人间，无法收回，有什么办法？"

这时候，秋神蓐收站出来说："禀告玉帝，我等查到，此种夏种秋收，耐寒力弱，我算好收获时间，给人间安排一场寒潮，定可消除祸患。"

俗话说天上一日，人间一年。这粒种子早就生根发芽，不断扩散，一场寒潮根本无法完全消除它们。人们便靠这种作物渡过了饥荒岁月。

后来，人们为了纪念这个救命的仙子，就把这种作物叫作"荞麦"，而这股寒潮发生的日子就是寒露节气。

5. 节气谚语

寒露时节天渐寒，农夫天天不停闲。
留种地瓜怕冻害，大豆收割寒露天。
寒露时节人人忙，种麦、摘花、打豆场。

6. 节气诗歌

池 上
〔唐〕白居易

袅袅凉风动，凄凄寒露零。
兰衰花始白，荷破叶犹青。
独立栖沙鹤，双飞照水萤。
若为寥落境，仍值酒初醒。

请你思考

1. 你知道什么是荞麦吗？荞麦怎么做才好吃呢？
2. 你知道哪些寒露植物？

请你提问

请提出你最感兴趣的问题，你能用一句话表达清楚吗？

请你组队

寻找对这个问题感兴趣的小伙伴或者能与你一起解决这个问题的人，组成活动团队吧！

A. _____（你计划第一位邀请的小伙伴的名字）

这位小伙伴在哪所学校读书？_____

这位小伙伴读几年级？_____

这位小伙伴多大了？_____

你为什么邀请他/她？_____

你认为他/她可以扮演什么角色？_____

这位小伙伴接受你的邀请了吗？为什么？_____

B. _____（你计划第二位邀请的小伙伴的名字）

这位小伙伴在哪所学校读书？_____

这位小伙伴读几年级？_____

这位小伙伴多大了？_____

你为什么邀请他/她？_____

你认为他/她可以扮演什么角色？_____

这位小伙伴接受你的邀请了吗？为什么？_____

C. _____（你计划第三位邀请的小伙伴的名字）

这位小伙伴在哪所学校读书？_____

这位小伙伴读几年级？_____

这位小伙伴多大了？_____

你为什么邀请他/她？_____

你认为他/她可以扮演什么角色？_____

这位小伙伴接受你的邀请了吗？为什么？_____

（你还可以邀请更多的小伙伴参加活动）

请你策划

主题 你能把你最感兴趣的问题改写成陈述式的综合实践活动主题吗？

_____

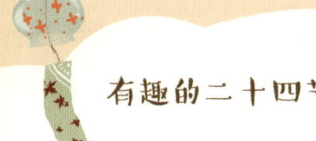

有趣的二十四节气

背景 你为什么会提出这一问题？可以咨询老师，看一看活动主题还有哪些需要完善的地方，以及如何体现其价值。

_____

目标 请老师进行指导，进一步明确活动目标。

_____

活动目标表

目标维度	目标内容
价值体认	
责任担当	
问题解决	
创意物化	

主体 你最终确定了哪些人作为活动团队成员？

活动团队成员信息表

小伙伴的名字	小伙伴就读的学校	小伙伴所在的班级	小伙伴的年龄

秋收

分工 你的团队成员是怎么分工的?

团队成员分工表

组别	姓名	工作内容	工作要求	完成时间	工作成果

准备 活动开展之前,你的团队成员做了哪些准备工作?

1. 制定活动方案

A. 未开始(赶紧与团队成员一起制定哟!)

B. 正在进行(抓紧时间哟!)

C. 已经完成(你和你的团队真棒!)

2. 准备活动材料

准备工作情况表

准备工作的内容	负责人	完成时间	完成效果

有趣的二十四节气

续表

准备工作的内容	负责人	完成时间	完成效果

活动 活动流程。

_____

_____

_____

_____

_____

_____

_____

预算

活动预算表

环节	开销	单价	数量	小计

秋收

安全 每个活动的场所不同，应采取什么措施保护团队成员的安全？

安全保障设计表

环节	安全措施	负责人	备注

评价 对每个团队成员在活动中的表现进行评价。

评价原则：

（1）客观性原则。评价要符合团队成员自身实际情况，不掺杂评价者的主观好恶和个人情感。

（2）发展性原则。评价能帮助团队成员自身发展及团队成员共同进步。

（3）激励性原则。评价的结果能激发团队成员的积极性，增强团队的凝聚力。

评价设计表

评价对象	评价依据	评价标准	评价人

有趣的二十四节气

请你汇报

活动结束后，请以适当的形式向同学和老师汇报综合实践活动的情况及成果。例如活动成果的展示形式有哪些？活动成果怎么呈现？在汇报过程中，人员如何安排、汇报材料如何准备？

1. 汇报形式

   _____

   _____

2. 活动成果呈现形式

   _____

   _____

3. 汇报工作分工

汇报工作分工表

组别	团队成员	负责工作	工作要求	完成时间	备注

请你评价

对每位团队成员进行评价。评价时请用一句话描述团队成员整体表现，然后按照100分制评价或者按照"优、良、中、差"等级评价。

团队成员评价结果表

序号	姓名	评语	得分/等级	备注

请你总结

1. 在这次综合实践活动中,你有哪些收获?

   _____
   _____
   _____
   _____
   _____
   _____

2. 你们的活动解决了实践中的什么问题?请提出初步的解决方案。

   _____
   _____
   _____
   _____
   _____
   _____

有趣的二十四节气

18. 霜 降

请你观察

当你早上在路边看到草叶上晶莹的露水结成白白的霜,那是霜降在提醒你深秋已到来。

请你思考

1. 你知道霜降的由来吗?
2. 你知道关于霜降的哪些故事?
3. 你知道霜降有哪些有意思的习俗吗?
4. 你知道哪些和霜降有关的唐诗、宋词或民间谚语?
5. 你知道霜降"三候"吗?

请你阅读

1. 节气由来

霜降是"九月中",农历二十四节气中的第十八个节气,也是秋季的最后一个节气。此时太阳运行到黄经210°。时间点在10月23日或24日,处在"三秋"中的季秋阶段。霜降时节,养生保健尤为重要,民间有谚语"一年补透透,不如补霜降",足见这个节气对人们的影响。

霜降表示天气更冷了,露水凝结成霜。《月令七十二候集解》说:"九月中,气肃而凝,露结为霜

矣。"此时，我国黄河流域已出现白霜，千里沃野上，一片银色冰晶熠熠闪光。气象学上，一般把秋季出现的第一次霜叫作"早霜"或"初霜"，因此时菊花盛开，又叫作"菊花霜"。

2. 节气"三候"

初候豺乃祭兽。霜降时，豺狼开始大量捕获猎物，捕多了吃不完的就放起来，从人类的视角来看，就像是在以兽祭天。

二候草木黄落。霜降时节，百草尽枯，秋叶翩飞。

三候蛰虫咸俯。经历了春夏的热闹与繁华，蜂蝶不见踪迹，蛰虫无声，告别了外界的喧嚣，进入了休眠状态，为来年的新生做准备。

3. 节气习俗

吃柿子

老人常说："霜降吃丁柿，不会流鼻涕。"有些地方，霜降时节要吃柿子，柿子既能补充维生素，还能满足口腹之欲，是非常不错的霜降食品。

摞桑叶

霜降时节是民间摞桑叶的季节。老中医说，打了霜的桑叶药效最好，叫作"霜桑叶"或者"冬桑叶"。用它来煮水泡脚，可以起到疏散风湿、清肺润燥、清肝明目的作用。

4. 节气故事

飞霜青女

传说仙女吴洁，又名青女，是砍桂树的吴刚的妹妹，掌管霜雪。《淮南子·天文训》有云："至秋三月，地气不藏，乃收其杀，百虫蛰伏，静居闭户，青女乃出，以降霜雪。"高诱注："青女，天神，青霄玉女，主霜雪也。"

这年九月十四日，她下凡来到人间，站在青要山中心最高峰上，手抚一把七弦琴，清音徐出，霜粉雪花随着颤动的琴弦飘然而下，洒在大地上。霜冻雪封，掩埋掉世间一切不洁。

许是始终与寒冷为伴，青女的形象满是肃杀之气。一些文人因为不喜草木摇落，就怪罪到青女头上。

寒山诗云："屡见枯杨荑，常遭青女杀"。张先《南乡子》词曰："血色轻罗碎折裙。百卉已随霜女妒,东君。暗折双花借小春。"无端还添个"妒"名,好像是青女嫉妒百花艳色,非要让霜降大地。姚鼐诗曰:"今年青女慵司令,九日黄花未吐枝。"菊花没开也是青女的错。多情的纳兰性德也不放过她:"霜讯下银塘,并作新凉,奈他青女忒轻狂。"还是李商隐的诗流传最广:"初闻征雁已无蝉,百尺楼高水接天。青女素娥俱耐冷,月中霜里斗婵娟。"说的是青女和嫦娥都不怕寒冷,跑到月宫里去比较彼此的容颜。

5. 节气谚语

九月霜降无霜打,十月霜降霜打霜。
寒露早,立冬迟,霜降收薯正适宜。
霜降种麦,不消问得。

6. 节气诗歌

岁 晚
〔唐〕白居易

霜降水返壑,风落木归山。
冉冉岁将宴,物皆复本源。
何此南迁客,五年独未还。
命屯分已定,日久心弥安。
亦尝心与口,静念私自言。
去国固非乐,归乡未必欢。
何须自生苦,舍易求其难。

请你思考

1. 你对霜降的哪些习俗最感兴趣?
2. 你见过霜吗?它是什么颜色的?触碰时有什么感觉呢?

请你提问

请提出你最感兴趣的问题,你能用一句话表达清楚吗?

请你组队

寻找对这个问题感兴趣的小伙伴或者能与你一起解决这个问题的人,组成活动团队吧!

A. _____(你计划第一位邀请的小伙伴的名字)

这位小伙伴在哪所学校读书?_____

这位小伙伴读几年级?_____

这位小伙伴多大了?_____

你为什么邀请他/她?_____

你认为他/她可以扮演什么角色?_____

这位小伙伴接受你的邀请了吗?为什么?_____

B. _____(你计划第二位邀请的小伙伴的名字)

这位小伙伴在哪所学校读书?_____

这位小伙伴读几年级?_____

这位小伙伴多大了?_____

你为什么邀请他/她?_____

你认为他/她可以扮演什么角色?_____

这位小伙伴接受你的邀请了吗?为什么?_____

C. _____(你计划第三位邀请的小伙伴的名字)

这位小伙伴在哪所学校读书?_____

这位小伙伴读几年级?_____

这位小伙伴多大了?_____

你为什么邀请他/她?_____

你认为他/她可以扮演什么角色?_____

这位小伙伴接受你的邀请了吗?为什么?_____

(你还可以邀请更多的小伙伴参加活动)

请你策划

主题 你能把你最感兴趣的问题改写成陈述式的综合实践活动主题吗?

_____

有趣的二十四节气

背景 你为什么会提出这一问题？可以咨询老师，看一看活动主题还有哪些需要完善的地方，以及如何体现其价值。

_____

目标 请老师进行指导，进一步明确活动目标。

_____

活动目标表

目标维度	目标内容
价值体认	
责任担当	
问题解决	
创意物化	

主体 你最终确定了哪些人作为活动团队成员？

活动团队成员信息表

小伙伴的名字	小伙伴就读的学校	小伙伴所在的班级	小伙伴的年龄

分工 你的团队成员是怎么分工的?

团队成员分工表

组别	姓名	工作内容	工作要求	完成时间	工作成果

准备 活动开展之前,你的团队成员做了哪些准备工作?

1. 制定活动方案

 A. 未开始(赶紧与团队成员一起制定哟!)

 B. 正在进行(抓紧时间哟!)

 C. 已经完成(你和你的团队真棒!)

2. 准备活动材料

准备工作情况表

准备工作的内容	负责人	完成时间	完成效果

有趣的二十四节气

续表

准备工作的内容	负责人	完成时间	完成效果

活动 活动流程。

_____
_____
_____
_____
_____
_____
_____

预算

活动预算表

环节	开销	单价	数量	小计

安全 每个活动的场所不同，应采取什么措施保护团队成员的安全？

安全保障设计表

环节	安全措施	负责人	备注

评价 对每个团队成员在活动中的表现进行评价。

评价原则：

（1）客观性原则。评价要符合团队成员自身实际情况，不掺杂评价者的主观好恶和个人情感。

（2）发展性原则。评价能帮助团队成员自身发展及团队成员共同进步。

（3）激励性原则。评价的结果能激发团队成员的积极性，增强团队的凝聚力。

评价设计表

评价对象	评价依据	评价标准	评价人

有趣的二十四节气

请你汇报

活动结束后，请以适当的形式向同学和老师汇报综合实践活动的情况及成果。例如活动成果的展示形式有哪些？活动成果怎么呈现？在汇报过程中，人员如何安排、汇报材料如何准备？

1. 汇报形式

_____

_____

2. 活动成果呈现形式

_____

_____

3. 汇报工作分工

汇报工作分工表

组别	团队成员	负责工作	工作要求	完成时间	备注

请你评价

对每位团队成员进行评价。评价时请用一句话描述团队成员整体表现，然后按照100分制评价或者按照"优、良、中、差"等级评价。

团队成员评价结果表

序号	姓名	评语	得分 / 等级	备注

请你总结

1. 在这次综合实践活动中，你有哪些收获？

2. 你们的活动解决了实践中的什么问题？请提出初步的解决方案。

冬，
你让大地银装素裹；
你让河川冰封千里；
你让人们刻骨铭心。
我们爱你的凛冽、
坚韧与纯洁。

19. 立 冬

请你观察

冬天到了，大雁南飞、草木凋零、蛰虫伏藏，万物活动趋向休止，为来春生机勃发做准备。听寒风吹起，看雪花飘落，浪漫的冬天已经悄然而至！

请你思考

1. 你知道立冬与我们日常生活有什么联系吗？

2. 你知道立冬节气有什么习俗吗？

3. 你读过有关立冬的诗词或谚语吗？你能试着背一背吗？

请你阅读

1. 节气由来

立冬是"十月节"，农历二十四节气中的第十九个节气，预示着冬季的开始，标志着寒冷天气的到来。此时太阳运行到黄经225°。时间点在11月7日或8日，进入"三冬"中的孟冬时节。

2. 节气"三候"

初候水始冰。立冬时节，冷空气活动频繁，气温下降。一些地方水开始冻结了，不过刚刚冻结，还不是很坚固。

二候地始冻。这时候，北方大部分地区气温降至0摄氏度以下，大地开始封冻，但还不是硬邦邦的。

三候雉入大水为蜃。立冬后，野鸡很少出现，海边却有外壳花纹、颜色与野鸡相似的大蛤，古人以为野鸡变成大蛤了。

3. 节气习俗

暖炉会

我国很多地方立冬有设炉烧炭、开暖炉会的习俗。古人对暖炉会总是情有独钟、喜爱有加。唐朝诗人白居易在《岁除夜对酒》中写道："醉依香枕坐，慵傍暖炉眠。"道出了依偎在暖炉旁酒后沉睡的情景。

迎 冬

在我国古代，立冬不仅是一个重要的节气，也是一个重要的节日。在周朝，君王会在立冬日率领文武百官到郊外举行盛大的祭礼仪式，叫作"迎冬"。后来，这种传统仪式被传承下来。

4. 节气故事

立冬吃饺子的故事

据说，早在东汉末年饺子就出现了，只不过那时的饺子和现在的馄饨差不多，直到唐代，饺子才和现在差不多。传说，饺子的产生和东汉时期的"医圣"张仲景有关系。一天，他回家乡正好赶上立冬，天气非常寒冷。许多老乡的耳朵被冻伤，加上当时伤寒流行，很多人病死了。于是，张仲景搭起棚子，支起大锅，把羊肉、辣椒和祛寒提热的药材放在一起煎熬，然后用面皮包成耳朵的形状，连汤带食送给老乡吃。这种食物专治耳朵冻疮，被称为"祛寒娇耳汤"。老百姓吃了这种食物，不仅能抵御伤寒，也治好了被冻伤的耳朵。大家就照着张仲景这种方法做，把它叫作"饺耳""饺子"，一直流传至今。

5. 节气谚语

立冬晴，一冬晴；立冬雨，一冬雨。

立冬北风冰雪多，立冬南风无雨雪。

立冬落雨会烂冬，吃得柴尽米粮空。

6. 节气诗歌

赠刘景文·冬景
〔宋〕苏轼

荷尽已无擎雨盖，菊残犹有傲霜枝。
一年好景君须记，最是橙黄橘绿时。

请你思考

1. 你印象中秋末冬初的风景是什么样的？
2. 你了解立冬的农事安排吗？
3. 你对立冬的哪些习俗特别感兴趣？喜欢冬泳吗？

请你提问

请提出你最感兴趣的问题，你能用一句话表达清楚吗？

_____

_____

请你组队

寻找对这个问题感兴趣的小伙伴或者能与你一起解决这个问题的人，组成活动团队吧！

A. _____（你计划第一位邀请的小伙伴的名字）

这位小伙伴在哪所学校读书？_____

这位小伙伴读几年级？_____

这位小伙伴多大了？_____

你为什么邀请他/她？_____

你认为他/她可以扮演什么角色？_____

这位小伙伴接受你的邀请了吗？为什么？_____

B. _____（你计划第二位邀请的小伙伴的名字）

这位小伙伴在哪所学校读书？_____

这位小伙伴读几年级？_____

这位小伙伴多大了？_____

有趣的二十四节气

你为什么邀请他/她？_____
你认为他/她可以扮演什么角色？_____
这位小伙伴接受你的邀请了吗？为什么？_____

C. _____（你计划第三位邀请的小伙伴的名字）
这位小伙伴在哪所学校读书？_____
这位小伙伴读几年级？_____
这位小伙伴多大了？_____
你为什么邀请他/她？_____
你认为他/她可以扮演什么角色？_____
这位小伙伴接受你的邀请了吗？为什么？_____
（你还可以邀请更多的小伙伴参加活动）

请你策划

主题 你能把你最感兴趣的问题改写成陈述式的综合实践活动主题吗？
_____

背景 你为什么会提出这一问题？可以咨询老师，看一看活动主题还有哪些需要完善的地方，以及如何体现其价值。
_____

目标 请老师进行指导，进一步明确活动目标。
_____

活动目标表

目标维度	目标内容
价值体认	
责任担当	
问题解决	
创意物化	

主体 你最终确定了哪些人作为活动团队成员？

活动团队成员信息表

小伙伴的名字	小伙伴就读的学校	小伙伴所在的班级	小伙伴的年龄

分工 你的团队成员是怎么分工的?

团队成员分工表

组别	姓名	工作内容	工作要求	完成时间	工作成果

有趣的二十四节气

准备 活动开展之前,你的团队成员做了哪些准备工作?

1. 制定活动方案

A. 未开始(赶紧与团队成员一起制定哟!)

B. 正在进行(抓紧时间哟!)

C. 已经完成(你和你的团队真棒!)

2. 准备活动材料

准备工作情况表

准备工作的内容	负责人	完成时间	完成效果

活动 活动流程。

_____
_____
_____
_____
_____
_____
_____

预算

活动预算表

环节	开销	单价	数量	小计

安全 每个活动的场所不同，应采取什么措施保护团队成员的安全？

安全保障设计表

环节	安全措施	负责人	备注

评价 对每个团队成员在活动中的表现进行评价。

评价原则：

（1）客观性原则。评价要符合团队成员自身实际情况，不掺杂评价者的主观好恶和个人情感。

（2）发展性原则。评价能帮助团队成员自身发展及团队成员共同进步。

（3）激励性原则。评价的结果能激发团队成员的积极性，增强团队的凝聚力。

有趣的二十四节气

评价设计表

评价对象	评价依据	评价标准	评价人

请你汇报

活动结束后，请以适当的形式向同学和老师汇报综合实践活动的情况及成果。例如活动成果的展示形式有哪些？活动成果怎么呈现？在汇报过程中，人员如何安排、汇报材料如何准备？

1. 汇报形式

_____

_____

2. 活动成果呈现形式

_____

_____

3. 汇报工作分工

汇报工作分工表

组别	团队成员	负责工作	工作要求	完成时间	备注

续表

组别	团队成员	负责工作	工作要求	完成时间	备注

请你评价

对每位团队成员进行评价。评价时请用一句话描述团队成员整体表现，然后按照100分制评价或者按照"优、良、中、差"等级评价。

团队成员评价结果表

序号	姓名	评语	得分/等级	备注

请你总结

1. 在这次综合实践活动中，你有哪些收获？

_____
_____
_____
_____
_____

有趣的二十四节气

2. 你们的活动解决了实践中的什么问题？请提出初步的解决方案。

_____
_____
_____
_____
_____
_____

冬藏

20. 小 雪

请你观察

古籍《群芳谱》说："小雪气寒而将雪矣，地寒未甚而雪未大也。"盈盈小雪在不知疲倦地飞舞着，大地早已披上了绒绒羽衣。伸出纤纤素手，托着晶莹剔透的美丽花瓣，淡淡的清凉沁人心脾。用力吹去，雪花犹如千万朵梨花漫天飞舞。多美的雪景呀！

请你思考

1. 你知道小雪的来历吗？
2. 你知道小雪"三候"吗？
3. 你知道小雪有哪些习俗吗？
4. 你知道哪些和小雪有关的祝福、诗词或民间谚语？

请你阅读

1. 节气由来

小雪是"十月中"，农历二十四节气中的第二十个节气。此时太阳运行到黄经240°。时间点在11月22日或23日，仍然处在"三冬"的孟冬阶段。雪小，地面上又无积雪，这正是"小雪"这个节气的原本之意。到了小雪节气，因强冷空气活动频繁，我国北方地区常常会出现入冬以后的第一场降雪，南方地区北部也开始进入冬天。

- 205 -

2. 节气"三候"

初候，虹藏不见。小雪时节，强冷空气活动频繁，北方天气以下雪为主，很少下雨，所以看不见雨虹了。

二候，天气上升，地气下降。古人说，此时天空阳气上升，地面阴气下降，导致阴阳不交，天地不通，进入封冻季节。

三候，闭塞成冬。小雪节气来临，万物失去生机，天地闭塞而转入严寒的冬天。

3. 节气习俗

吃糍粑

南方某些地方有农历十月小雪节气前后吃糍粑的习俗。古时，糍粑是南方地区传统的节日祭品，最早是农民用来祭牛神的供品，俗语"十月朝，糍粑碌碌烧"，就是指用糍粑祭祀。

腌腊肉

我国民间有"冬腊风腌，蓄以御冬"的习俗。小雪节气，气温急剧下降，天气变得干燥，是加工腊肉的好时候。一些人家开始动手做香肠、腊肉，用传统方法把肉类储藏起来，等到春节时正好享受美食。

4. 节气故事

吃糍粑的故事

春秋末期，楚国臣子伍子胥为报父仇投奔吴国，帮助吴王阖闾坐稳江山，成为吴国的大功臣。有一次，吴王命令他修建"阖闾大城"。城建成后，大家都很高兴，只有伍子胥闷闷不乐。伍子胥说："我结的仇人太多了，我不会有好下场。我死以后，如果老百姓没有吃的，就在相门下面挖地三尺，就能找到食物。"不久，吴王夫差上台，听信奸臣的话，命令伍子胥自杀。伍子胥死后不久，越王勾践带兵包围吴国都城。这时正是天寒地冻的年关，老百姓没有吃的。有人想起伍子胥生前留下的话，便挖开相门城墙，发现许多用熟糯米压制成的砖块。大家将这些砖块重新蒸煮后食用，渡过了难关。原来这是伍子胥用来储备粮食应付灾荒的。后来，人们每到年底，就用同样的办法做出"砖块"一样的糍粑，糍粑成为南方地区的传统美食。

5. 节气谚语

小雪封地，大雪封河。

小雪不耕地，大雪不行船。

小雪大雪不见雪，来年灭虫忙不歇。

6. 节气诗歌

次韵张秘校喜雪三首（其三）

〔宋〕黄庭坚

满城楼观玉阑干，小雪晴时不共寒。
润到竹根肥腊笋，暖开蔬甲助春盘。
眼前多事观游少，胸次无忧酒量宽。
闻说压沙梨已动，会须鞭马蹋泥看。

请你思考

1. 你对小雪的哪些习俗感兴趣呢？

2. 你喜欢吃腊肉香肠吗？可以动手和爸爸妈妈一起做哦！

3. 你理解"10月中，雨下而为寒气所薄，故凝而为雪。小者未盛之辞。"这句话的含义吗？从这句话中，你又获得了怎样的启示呢？

请你提问

请提出你最感兴趣的问题，你能用一句话表达清楚吗？

_____

_____

请你组队

寻找对这个问题感兴趣的小伙伴或者能与你一起解决这个问题的人，组成活动团队吧！

A. _____ （你计划第一位邀请的小伙伴的名字）

这位小伙伴在哪所学校读书？_____

这位小伙伴读几年级？_____

有趣的二十四节气

这位小伙伴多大了？_____

你为什么邀请他/她？_____

你认为他/她可以扮演什么角色？_____

这位小伙伴接受你的邀请了吗？为什么？_____

B. _____（你计划第二位邀请的小伙伴的名字）

这位小伙伴在哪所学校读书？_____

这位小伙伴读几年级？_____

这位小伙伴多大了？_____

你为什么邀请他/她？_____

你认为他/她可以扮演什么角色？_____

这位小伙伴接受你的邀请了吗？为什么？_____

C. _____（你计划第三位邀请的小伙伴的名字）

这位小伙伴在哪所学校读书？_____

这位小伙伴读几年级？_____

这位小伙伴多大了？_____

你为什么邀请他/她？_____

你认为他/她可以扮演什么角色？_____

这位小伙伴接受你的邀请了吗？为什么？_____

（你还可以邀请更多的小伙伴参加活动）

请你策划

主题 你能把你最感兴趣的问题改写成陈述式的综合实践活动主题吗？

_____

背景 你为什么会提出这一问题？可以咨询老师，看一看活动主题还有哪些需要完善的地方，以及如何体现其价值。

_____

目标 请老师进行指导，进一步明确活动目标。

_____

活动目标表

目标维度	目标内容
价值体认	
责任担当	
问题解决	
创意物化	

主体 你最终确定了哪些人作为活动团队成员？

活动团队成员信息表

小伙伴的名字	小伙伴就读的学校	小伙伴所在的班级	小伙伴的年龄

有趣的二十四节气

分工 你的团队成员是怎么分工的？

团队成员分工表

组别	姓名	工作内容	工作要求	完成时间	工作成果

准备 活动开展之前，你的团队成员做了哪些准备工作？

1. 制定活动方案

   A. 未开始（赶紧与团队成员一起制定哟！）

   B. 正在进行（抓紧时间哟！）

   C. 已经完成（你和你的团队真棒！）

2. 准备活动材料

准备工作情况表

准备工作的内容	负责人	完成时间	完成效果

续表

准备工作的内容	负责人	完成时间	完成效果

活动 活动流程。

_____

_____

_____

_____

_____

_____

预算

活动预算表

环节	开销	单价	数量	小计

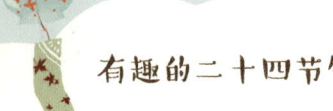

有趣的二十四节气

安全 每个活动的场所不同,应采取什么措施保护团队成员的安全?

安全保障设计表

环节	安全措施	负责人	备注

评价 对每个团队成员在活动中的表现进行评价。

评价原则:

(1)客观性原则。评价要符合团队成员自身实际情况,不掺杂评价者的主观好恶和个人情感。

(2)发展性原则。评价能帮助团队成员自身发展及团队成员共同进步。

(3)激励性原则。评价的结果能激发团队成员的积极性,增强团队的凝聚力。

评价设计表

评价对象	评价依据	评价标准	评价人

请你汇报

活动结束后,请以适当的形式向同学和老师汇报综合实践活动的情况及成果。例如活动成果的展示形式有哪些?活动成果怎么呈现?在汇报过程中,人员如何安排、汇报材料如何准备?

1. 汇报形式

_____

_____

2. 活动成果呈现形式

_____

_____

3. 汇报工作分工

汇报工作分工表

组别	团队成员	负责工作	工作要求	完成时间	备注

请你评价

对每位团队成员进行评价。评价时请用一句话描述团队成员整体表现,然后按照100分制评价或者按照"优、良、中、差"等级评价。

有趣的二十四节气

团队成员评价结果表

序号	姓名	评语	得分/等级	备注

请你总结

1. 在这次综合实践活动中，你有哪些收获？

_____
_____
_____
_____
_____

2. 你们的活动解决了实践中的什么问题？请提出初步的解决方案。

_____
_____
_____
_____
_____

21. 大 雪

请你观察

千里冰封，万里雪飘，雪越来越大了。你看那满园的玉树琼花，那点缀枝头的朵朵红梅，那广场上滑冰嬉戏的张张笑脸，那是多么迷人的冬天啊！"瑞雪兆丰年"，人们穿着棉袄，高兴地在家门口堆着雪人，仿佛已经看到了来年的丰收！

请你思考

1. 你知道大雪的由来吗？
2. 你知道大雪有哪些有意思的习俗吗？
3. 你知道哪些和大雪有关的唐诗、宋词或民间谚语？
4. 你知道大雪"三候"吗？

请你阅读

1. 节气由来

大雪是"十一月节"，农历二十四节气中的第二十一个节气。此时太阳运行到黄经255°。时间点在12月6日或7日，标志着"三冬"中的仲冬时节正式开始。《月令七十二候集解》说："十一月节大者盛也，至此而雪盛也。"其意为，天气更加寒冷，雪量增大，故称之为"大雪"。

2. 节气"三候"

"一候鹖旦不鸣；二候虎始交；三候荔挺出。"意思是说，因天气寒冷，鹖旦（寒号鸟）也不再鸣叫了；大雪时节，老虎开始有求偶行为；荔挺是兰草的一种，这时候，它开始萌动而抽出新芽。

3. 节气习俗

喝雪菜汤

大雪节气前后，新鲜雪菜逐渐上市。雪菜又叫"雪里蕻"，属于性温、味甘辛的蔬菜。雪菜含有较多的维生素C，有助于增加大脑的氧含量，起到醒脑提神的作用。天寒时节记得喝碗雪菜汤。

食物进补

大雪是"进补"的好时节，我国民间有"冬天进补，开春打虎"的说法。冬季寒冷，合理进补能提高人体免疫功能，促进新陈代谢，抵抗寒冷。大雪期间食用羊肉，可以驱寒滋补，益气补虚。同时，大雪节气，室内空气干燥，若食用新鲜蔬菜的量减少，会导致维生素缺乏。因此，冬季应多喝水，适当食用蔬菜水果。

4. 节气故事

寒号鸟

山脚下有一堵石崖，崖上有一道缝，寒号鸟就把这道缝当作自己的窝。石崖前面有一条河，河边有一棵大杨树，杨树上住着喜鹊。寒号鸟和喜鹊面对面住着，成了邻居。

几阵秋风，树叶落尽，冬天快要到了。

有一天，天气晴朗。喜鹊一早飞出去，东寻西找，衔回来一些枯草，就忙着做窝，准备过冬。寒号鸟却整天出去玩，累了就回来睡觉。喜鹊说："寒号鸟，别睡了，大好晴天，赶快做窝。"

寒号鸟不听劝告，躺在崖缝里对喜鹊说："傻喜鹊，不要吵，太阳高照，正好睡觉。"

冬天说到就到，寒风呼呼地刮着。喜鹊住在温暖的窝里。寒号鸟在崖缝里冻得直打哆嗦，不停地叫着："哆啰啰，哆啰啰，寒风冻死我，明天就做窝。"

　　第二天清早,风停了,太阳暖暖的,好像又是春天了。喜鹊来到崖缝前劝寒号鸟:"趁天晴,快做窝,现在懒惰,将来难过。"

　　寒号鸟还是不听劝告,伸伸懒腰,答道:"傻喜鹊,别啰唆,天气暖和,得过且过。"

　　寒冬腊月,大雪纷飞。北风像狮子一样狂吼,崖缝里冷得像冰窖。寒号鸟重复着哀号:"哆啰啰,哆啰啰,寒风冻死我,明天就做窝。"

　　天亮了,太阳出来了,喜鹊在枝头呼唤寒号鸟。可是,寒号鸟已经在夜里冻死了。

5. 节气谚语

大雪下雪,来年雨不缺。

冬雪消除四边草,来年肥多害虫少。

麦盖三床雪,瓮里粮不缺。

6. 节气诗歌

咏廿四气诗·大雪十一月节
〔唐〕元稹

积阴成大雪,看处乱霏霏。
玉管鸣寒夜,披书晓绛帷。
黄钟随气改,鹍鸟不鸣时。
何限苍生类,依依惜暮晖。

请你思考

1. 您对大雪的哪些习俗感兴趣呢?
2. 您理解大雪"三候"的含义吗?你见过荔挺这种兰草吗?

请你提问

请提出你最感兴趣的问题,你能用一句话表达清楚吗?

_____

_____

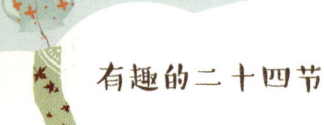

有趣的二十四节气

请你组队

寻找对这个问题感兴趣的小伙伴或者能与你一起解决这个问题的人，组成活动团队吧！

A. _____（你计划第一位邀请的小伙伴的名字）

这位小伙伴在哪所学校读书？_____

这位小伙伴读几年级？_____

这位小伙伴多大了？_____

你为什么邀请他/她？_____

你认为他/她可以扮演什么角色？_____

这位小伙伴接受你的邀请了吗？为什么？_____

B. _____（你计划第二位邀请的小伙伴的名字）

这位小伙伴在哪所学校读书？_____

这位小伙伴读几年级？_____

这位小伙伴多大了？_____

你为什么邀请他/她？_____

你认为他/她可以扮演什么角色？_____

这位小伙伴接受你的邀请了吗？为什么？_____

C. _____（你计划第三位邀请的小伙伴的名字）

这位小伙伴在哪所学校读书？_____

这位小伙伴读几年级？_____

这位小伙伴多大了？_____

你为什么邀请他/她？_____

你认为他/她可以扮演什么角色？_____

这位小伙伴接受你的邀请了吗？为什么？_____

（你还可以邀请更多的小伙伴参加活动）

请你策划

主题 你能把你最感兴趣的问题改写成陈述式的综合实践活动主题吗？

_____

背景 你为什么会提出这一问题？可以咨询老师，看一看活动主题还有哪些需要完善的地方，以及如何体现其价值。

目标 请老师进行指导，进一步明确活动目标。

活动目标表

目标维度	目标内容
价值体认	
责任担当	
问题解决	
创意物化	

主体 你最终确定了哪些人作为活动团队成员？

活动团队成员信息表

小伙伴的名字	小伙伴就读的学校	小伙伴所在的班级	小伙伴的年龄

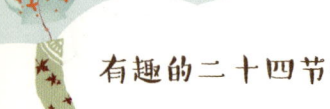

有趣的二十四节气

分工 你的团队成员是怎么分工的?

团队成员分工表

组别	姓名	工作内容	工作要求	完成时间	工作成果

准备 活动开展之前,你的团队成员做了哪些准备工作?

1. 制定活动方案

A. 未开始(赶紧与团队成员一起制定哟!)

B. 正在进行(抓紧时间哟!)

C. 已经完成(你和你的团队真棒!)

2. 准备活动材料

准备工作情况表

准备工作的内容	负责人	完成时间	完成效果

续表

准备工作的内容	负责人	完成时间	完成效果

活动 活动流程。

_____
_____
_____
_____
_____
_____
_____

预算

活动预算表

环节	开销	单价	数量	小计

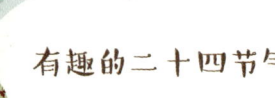
有趣的二十四节气

安全 每个活动的场所不同,应采取什么措施保护团队成员的安全?

安全保障设计表

环节	安全措施	负责人	备注

评价 对每个团队成员在活动中的表现进行评价。

评价原则:

(1)客观性原则。评价要符合团队成员自身实际情况,不掺杂评价者的主观好恶和个人情感。

(2)发展性原则。评价能帮助团队成员自身发展及团队成员共同进步。

(3)激励性原则。评价的结果能激发团队成员的积极性,增强团队的凝聚力。

评价设计表

评价对象	评价依据	评价标准	评价人

请你汇报

活动结束后,请以适当的形式向同学和老师汇报综合实践活动的情况及成果。例如活动成果的展示形式有哪些?活动成果怎么呈现?在汇报过程中,人员如何安排、汇报材料如何准备?

1. 汇报形式

   _____

   _____

2. 活动成果呈现形式

   _____

   _____

3. 汇报工作分工

汇报工作分工表

组别	团队成员	负责工作	工作要求	完成时间	备注

请你评价

对每位团队成员进行评价。评价时请用一句话描述团队成员整体表现,然后按照100分制评价或者按照"优、良、中、差"等级评价。

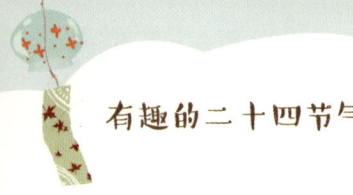

有趣的二十四节气

团队成员评价结果表

序号	姓名	评语	得分/等级	备注

请你总结

1. 在这次综合实践活动中，你有哪些收获？

2. 你们的活动解决了实践中的什么问题？请提出初步的解决方案。

冬藏

22. 冬至

请你观察

冬至到了，小朋友们快看看蚯蚓是不是仍然蜷缩着身体？冬天来了，春天还会远吗？

请你思考

1. 你知道冬至的由来吗？
2. 你知道关于冬至的哪些故事？
3. 你知道冬至有哪些有意思的习俗吗？
4. 你知道哪些和冬至有关的唐诗、宋词或民间谚语？
5. 你知道冬至"三候"吗？

请你阅读

1. 节气由来

冬至，既是中国农历中一个重要的节气，也是中华民族的一个传统节日。冬至是"十一月中"，农历二十四节气中的第二十二个节气。此时太阳运行到黄经270°。时间点在12月21日或22日，还处在"三冬"中的仲冬阶段。此时北半球的太阳影子最长，是一年中白昼最短、夜晚最长的一天。冬至以后，气温持续下降，进入一年气温最低的"三九"时段。

2. 节气"三候"

一候蚯蚓结；二候麋角解；三候水泉动。冬至时节，土中的蚯蚓仍然蜷缩着身体；麋鹿感受到天气的变化，它们的角会自动脱落，等到第二年夏天才长出新角；古人认为，冬至时，万物开始由静转动，此时山中的泉水可以流动。

3. 节气习俗

数九九

民间把冬至亦称为"交九"或"数九"，即从冬至这一天起，每隔九天作为一个"九"，共分成9个"九"，共九九八十一天，81天之后便进入春天。冬至之后"数九九"在全国很多地方都十分流行，人们根据各地不同的气候条件、景物特征、农事物候及风俗习惯，编排出了各种"数九九"的谚语和顺口溜。其中最有代表性的是下面这首顺口溜：一九二九不出手，三九四九冰上走，五九六九沿河看柳，七九河开，八九雁来，九九加一九，耕牛遍地走。

九层糕祭祖

在我国台湾地区还保存着冬至用九层糕祭祖的传统，用糯米粉捏成鸡、鸭、龟、猪、牛、羊等象征吉祥如意福禄寿的动物，然后用蒸笼分层蒸成，用以祭祖，以示不忘老祖宗。同姓同宗者于冬至或前后约定日，集中到祖祠中按照长幼之序，一一祭拜祖先，俗称"祭祖"。祭典之后，还会大摆宴席，招待前来祭祖的宗亲。大家开怀畅饮，相互联络久别生疏的感情，称之为"食祖"。冬至节祭祖，在我国台湾地区一直世代相传，以示不忘自己的根。

4. 节气故事

馄　饨

过去老北京有"冬至馄饨夏至面"的说法。相传汉朝时，北方匈奴经常骚扰边疆，百姓不得安宁。当时匈奴部落中有浑氏和屯氏两个首领，十分凶残。当地百姓对其恨之入骨，于是用肉馅包成角儿，取"浑"与"屯"之音，呼作"馄饨"。恨以食之，并求平息战乱，能过上太平日子。因最初制成馄饨是在冬至这一天，故在冬至这天一些地方有吃馄饨的习俗。

5. 节气谚语

冬至前犁金，冬至后犁铁。

冬至一场霜，过冬如筛糠。

冬至一日晴，来年雨均匀。

6. 节气诗歌

冬至夜思家

〔唐〕白居易

邯郸驿里逢冬至，抱膝灯前影伴身。

想得家中夜深坐，还应说着远行人。

请你思考

1. 你在冬至的时候喜欢吃什么？会吃馄饨吗？
2. 你对冬至的哪些习俗最感兴趣？

请你提问

请提出你最感兴趣的问题，你能用一句话表达清楚吗？
_____
_____

请你组队

寻找对这个问题感兴趣的小伙伴或者能与你一起解决这个问题的人，组成活动团队吧！

A. _____（你计划第一位邀请的小伙伴的名字）

这位小伙伴在哪所学校读书？_____

这位小伙伴读几年级？_____

这位小伙伴多大了？_____

你为什么邀请他/她？_____

你认为他/她可以扮演什么角色？_____

这位小伙伴接受你的邀请了吗？为什么？_____

B. _____（你计划第二位邀请的小伙伴的名字）

这位小伙伴在哪所学校读书？_____

这位小伙伴读几年级？_____

这位小伙伴多大了？_____

你为什么邀请他/她？_____

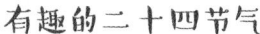

有趣的二十四节气

你认为他/她可以扮演什么角色？_____
这位小伙伴接受你的邀请了吗？为什么？_____
C. _____（你计划第三位邀请的小伙伴的名字）
这位小伙伴在哪所学校读书？_____
这位小伙伴读几年级？_____
这位小伙伴多大了？_____
你为什么邀请他/她？_____
你认为他/她可以扮演什么角色？_____
这位小伙伴接受你的邀请了吗？为什么？_____
（你还可以邀请更多的小伙伴参加活动）

请你策划

主题 你能把你最感兴趣的问题改写成陈述式的综合实践活动主题吗？
_____

背景 你为什么会提出这一问题？可以咨询老师，看一看活动主题还有哪些需要完善的地方，以及如何体现其价值。
_____

目标 请老师进行指导，进一步明确活动目标。
_____

活动目标表

目标维度	目标内容
价值体认	
责任担当	
问题解决	
创意物化	

主体 你最终确定了哪些人作为活动团队成员？

活动团队成员信息表

小伙伴的名字	小伙伴就读的学校	小伙伴所在的班级	小伙伴的年龄

分工 你的团队成员是怎么分工的？

团队成员分工表

组别	姓名	工作内容	工作要求	完成时间	工作成果

有趣的二十四节气

准备 活动开展之前,你的团队成员做了哪些准备工作?

1. 制定活动方案

A. 未开始(赶紧与团队成员一起制定哟!)

B. 正在进行(抓紧时间哟!)

C. 已经完成(你和你的团队真棒!)

2. 准备活动材料

准备工作情况表

准备工作的内容	负责人	完成时间	完成效果

活动 活动流程。

_____

_____

_____

_____

_____

_____

_____

预算

活动预算表

环节	开销	单价	数量	小计

安全 每个活动的场所不同，应采取什么措施保护团队成员的安全？

安全保障设计表

环节	安全措施	负责人	备注

评价 对每个团队成员在活动中的表现进行评价。

评价原则：

（1）客观性原则。评价要符合团队成员自身实际情况，不掺杂评价者的主观好恶和个人情感。

（2）发展性原则。评价能帮助团队成员自身发展及团队成员共同进步。

（3）激励性原则。评价的结果能激发团队成员的积极性，增强团队的凝聚力。

有趣的二十四节气

评价设计表

评价对象	评价依据	评价标准	评价人

请你汇报

活动结束后，请以适当的形式向同学和老师汇报综合实践活动的情况及成果。例如活动成果的展示形式有哪些？活动成果怎么呈现？在汇报过程中，人员如何安排、汇报材料如何准备？

1. 汇报形式

_____

_____

2. 活动成果呈现形式

_____

_____

3. 汇报工作分工

汇报工作分工表

组别	团队成员	负责工作	工作要求	完成时间	备注

续表

组别	团队成员	负责工作	工作要求	完成时间	备注

请你评价

对每位团队成员进行评价。评价时请用一句话描述团队成员整体表现，然后按照100分制评价或者按照"优、良、中、差"等级评价。

团队成员评价结果表

序号	姓名	评语	得分／等级	备注

请你总结

1. 在这次综合实践活动中，你有哪些收获？

_____
_____
_____
_____
_____

有趣的二十四节气

2. 你们的活动解决了实践中的什么问题？请提出初步的解决方案。
_____
_____
_____
_____
_____
_____

冬藏

23. 小 寒

请你观察

"筑巢喜鹊闹吾庐,又道小寒元月初。"小寒已至,大雁北归、喜鹊筑巢、腊梅飘香……万事万物并没有因为寒气的侵袭而颓败,它们越挫越勇,随着时间的推移,反而变得充满生机。

请你思考

1. 你知道小寒的来历吗?
2. 你知道小寒"三候"吗?
3. 你知道小寒有哪些习俗吗?
4. 你知道关于小寒的哪些故事?
5. 你知道哪些和小寒有关的诗词、童谣或谚语?

请你阅读

1. 节气由来

小寒是"十二月节",农历二十四节气中的第二十三个节气。此时太阳运行到黄经285°。时间点在1月5日或6日,标志着"三冬"中的季冬开始。寒即寒冷,小表示寒冷的程度。小寒一过,正式进入"出门冰上走"的三九寒天。

2. 节气"三候"

初候,雁北乡。尽管小寒节气天气寒冷,飞往南方越冬的大雁却已经离

— 235 —

开南方，开始往北飞了一段距离。

二候，鹊始巢。这时候，北方到处可以看到喜鹊。它们已经感受到气候变化，早早在村庄边的大树上做新窝了。

三候，雉始雊。"雊"是鸣叫的意思。雉在"四九"时感受到一些气候变化，开始鸣叫了。

3. 节气习俗

赏 梅

小寒时节，腊梅已开，我国很多地方的人会聚在一起赏梅，鼻中有孤雅幽香，神智也会为之清爽振奋。

腊 祭

"小寒"是腊月的节气，由于古人会在十二月份举行合祀众神的腊祭，因此把腊祭所在的十二月叫"腊月"。腊祭为我国古代祭祀习俗之一，早在先秦时期就已形成。"腊祭"含意有三，一是表示不忘记自己及其家族的本源，表达对祖先的崇敬与怀念。二是祭百神，感谢他们一年来为农业所做出的贡献。三是人们终岁劳苦，此时农事已息，借此游乐一番。自周代以后，"腊祭"之俗历代沿习，从天子、诸侯到平民百姓，人人都不例外。

4. 节气故事

小寒赠礼

小寒时节，由于天气较冷，大家都喜欢相互赠送一些抗寒的礼物。唐代帝王也有赐口脂、腊脂，盛以碧镂牙桶的习俗。唐中宗景龙三年腊日，中宗在御苑中召近臣赐腊脂，晚上自北门入内殿赐食，又加赐口脂。杜甫有诗云："口脂面药随恩泽，翠管银罂下九霄。"口脂，即唇膏；面药，即在腊脂中加防裂的药。故口脂、面药都是用来防止寒冬脸唇冻裂的。

5. 节气谚语

小寒大寒不下雪，小暑大暑田开裂。

小寒大寒，冷成冰团。

小寒胜大寒，常见不稀罕。

6. 节气诗歌

微 雨
〔宋〕陆游

晴后气殊浊，黄昏月尚明。
忽吹微雨过，便觉小寒生。
树杪雀初定，草根虫已鸣。
呼童取半臂，吾欲傍阶行。

请你思考

1. 你对小寒的哪些习俗特别感兴趣？
2. 除梅花外，你还知道哪些小寒植物？
3. 你知道小寒时节的农业生产活动有哪些吗？

请你提问

请提出你最感兴趣的问题，你能用一句话表达清楚吗？

_____

_____

请你组队

寻找对这个问题感兴趣的小伙伴或者能与你一起解决这个问题的人，组成活动团队吧！

A. _____（你计划第一位邀请的小伙伴的名字）

这位小伙伴在哪所学校读书？_____

这位小伙伴读几年级？_____

这位小伙伴多大了？_____

你为什么邀请他/她？_____

你认为他/她可以扮演什么角色？_____

这位小伙伴接受你的邀请了吗？为什么？_____

B. _____（你计划第二位邀请的小伙伴的名字）

这位小伙伴在哪所学校读书？_____

有趣的二十四节气

这位小伙伴读几年级？ _____
这位小伙伴多大了？ _____
你为什么邀请他/她？ _____
你认为他/她可以扮演什么角色？ _____
这位小伙伴接受你的邀请了吗？为什么？ _____

C. _____（你计划第三位邀请的小伙伴的名字）
这位小伙伴在哪所学校读书？ _____
这位小伙伴读几年级？ _____
这位小伙伴多大了？ _____
你为什么邀请他/她？ _____
你认为他/她可以扮演什么角色？ _____
这位小伙伴接受你的邀请了吗？为什么？ _____
（你还可以邀请更多的小伙伴参加活动）

请你策划

主题 你能把你最感兴趣的问题改写成陈述式的综合实践活动主题吗？

_____

背景 你为什么会提出这一问题？可以咨询老师，看一看活动主题还有哪些需要完善的地方，以及如何体现其价值。

_____

目标 请老师进行指导，进一步明确活动目标。

_____

活动目标表

目标维度	目标内容
价值体认	
责任担当	
问题解决	
创意物化	

主体 你最终确定了哪些人作为活动团队成员？

活动团队成员信息表

小伙伴的名字	小伙伴就读的学校	小伙伴所在的班级	小伙伴的年龄

分工 你的团队成员是怎么分工的？

团队成员分工表

组别	姓名	工作内容	工作要求	完成时间	工作成果

有趣的二十四节气

续表

组别	姓名	工作内容	工作要求	完成时间	工作成果

准备 活动开展之前,你的团队成员做了哪些准备工作?

1. 制定活动方案

A. 未开始(赶紧与团队成员一起制定哟!)

B. 正在进行(抓紧时间哟!)

C. 已经完成(你和你的团队真棒!)

2. 准备活动材料

准备工作情况表

准备工作的内容	负责人	完成时间	完成效果

活动 活动流程。

冬藏

_____
_____
_____
_____
_____

预算

活动预算表

环节	开销	单价	数量	小计

安全 每个活动的场所不同，应采取什么措施保护团队成员的安全？

安全保障设计表

环节	安全措施	负责人	备注

有趣的二十四节气

评价 对每个团队成员在活动中的表现进行评价。

评价原则：

（1）客观性原则。评价要符合团队成员自身实际情况，不掺杂评价者的主观好恶和个人情感。

（2）发展性原则。评价能帮助团队成员自身发展及团队成员共同进步。

（3）激励性原则。评价的结果能激发团队成员的积极性，增强团队的凝聚力。

评价设计表

评价对象	评价依据	评价标准	评价人

请你汇报

活动结束后，请以适当的形式向同学和老师汇报综合实践活动的情况及成果。例如活动成果的展示形式有哪些？活动成果怎么呈现？在汇报过程中，人员如何安排、汇报材料如何准备？

1. 汇报形式

_____
_____

2. 活动成果呈现形式

_____
_____

3. 汇报工作分工

汇报工作分工表

组别	团队成员	负责工作	工作要求	完成时间	备注

请你评价

对每位团队成员进行评价。评价时请用一句话描述团队成员整体表现，然后按照100分制评价或者按照"优、良、中、差"等级评价。

团队成员评价结果表

序号	姓名	评语	得分/等级	备注

有趣的二十四节气

请你总结

1. 在这次综合实践活动中,你有哪些收获?
   _____
   _____
   _____
   _____
   _____
   _____

2. 你们的活动解决了实践中的什么问题?请提出初步的解决方案。
   _____
   _____
   _____
   _____
   _____
   _____

24. 大　寒

请你观察

大寒到来，天寒地冻，大地冷冷清清，仿佛失去了生机。不过农历春节很快就要到了，很多地方已经有了过年的气氛。

请你思考

1. 你知道大寒的由来吗？
2. 你知道关于大寒的哪些故事？
3. 你知道大寒有哪些有意思的习俗吗？
4. 你能找到和大寒有关的唐诗、宋词或民间谚语吗？
5. 你知道大寒"三候"吗？

请你阅读

1. 节气由来

大寒是"十二月中"，农历二十四节气中的最后一个节气。此时太阳运行到黄经300°。时间点在1月20日或21日，仍然处于"三冬"中的季冬阶段。俗话说："小寒大寒，冷成一团。"此时为一年中最冷的时期，北方很多地方风大、低温，地面积雪不融，呈现出冰天雪地的严寒景色。这个时期，铁路、邮电、石油、海上运输等部门要特别注意及早采取预防大风降温、大雪等灾害性天气的措施。农业上要加强牲畜和越冬作物的防寒防冻。大寒时，已经进入腊月。年一天天的近了，有"大寒迎年"之说。

2. 节气"三候"

初候鸡始乳。大寒时节，春天的脚步越来越近，在我国南方很多地方，母鸡可以孵小鸡了。

二候征鸟厉疾。这时候，老鹰一类的猛禽正处于捕食能力极强的状态，在空中盘旋，到处寻找食物，补充身体的能量，以抵御严寒。

三候水泽腹坚。"三九四九冰上走。"这时，北方湖泊中的冰一直冻到水中央，而且最厚、最结实。

3. 节气习俗

大寒迎年

大寒是二十四节气中的最后一个节气，虽是农闲时节，但家家都在"忙"——忙过年。很多地方都有"大寒迎年"的风俗。所谓"大寒迎年"，就是大寒至农历新年这段时间，民间会有一系列活动，家家户户都在为过年忙碌着。大人带着孩子糊窗户、大扫除，把家里打扫得干干净净的，准备过一个热闹祥和的春节，也希望来年日子越来越好。

消寒糕

消寒糕是年糕的一种，食用后全身感觉暖和，有驱散风寒、润肺健脾的功效。大寒这天吃年糕，有"年高"之意，带着吉祥如意、年年平安、步步高升的好彩头。

4. 节气故事

祭　灶

农历腊月二十三日为祭灶节，民间又称"交年""小年"。旧时，每家每户灶台上都设有"灶王爷"神位。传说灶神是玉皇大帝派到人间观察善恶的神仙。每年岁末，灶王爷都要回到天宫向玉皇大帝报奏人间善恶是非，玉皇大帝再将人们在新的一年应得到的吉凶祸福的命运交于灶王爷的手上。所以，人们会在这一天祭祀他，祈求他在玉皇大帝面前帮人们说好话。

送灶神的仪式称为"送灶"或"辞灶"。送灶时，会在灶王爷像前的桌案上供放水果、酒菜、糕点等。祭灶时，还要把关东糖用火融化开，涂在灶王爷的嘴上，这样他就不能在玉帝那里讲坏话了。

5. 节气谚语

大寒不寒，春分不暖。
大寒见三白，农人衣食足。
小寒大寒，杀猪过年（春节）。

6. 节气诗歌

大寒出江陵西门
〔宋〕陆游

平明羸马出西门，淡日寒云久吐吞。
醉面冲风惊易醒，重裘藏手取微温。
纷纷狐兔投深莽，点点牛羊散远村。
不为山川多感慨，岁穷游子自消魂。

请你思考

1. 你知道人们祭灶的时候为什么要在案桌上放糖果吗？
2. 你在大寒时节会不会和爸爸妈妈一起准备年货呢？
3. 你会滑冰吗？想不想和北方的小朋友尽情享受冰雪世界？

请你提问

请提出你最感兴趣的问题，你能用一句话表达清楚吗？

_____

_____

请你组队

寻找对这个问题感兴趣的小伙伴或者能与你一起解决这个问题的人，组成活动团队吧！

A. _____（你计划第一位邀请的小伙伴的名字）

有趣的二十四节气

这位小伙伴在哪所学校读书？_____
这位小伙伴读几年级？_____
这位小伙伴多大了？_____
你为什么邀请他/她？_____
你认为他/她可以扮演什么角色？_____
这位小伙伴接受你的邀请了吗？为什么？_____

B. _____（你计划第二位邀请的小伙伴的名字）
这位小伙伴在哪所学校读书？_____
这位小伙伴读几年级？_____
这位小伙伴多大了？_____
你为什么邀请他/她？_____
你认为他/她可以扮演什么角色？_____
这位小伙伴接受你的邀请了吗？为什么？_____

C. _____（你计划第三位邀请的小伙伴的名字）
这位小伙伴在哪所学校读书？_____
这位小伙伴读几年级？_____
这位小伙伴多大了？_____
你为什么邀请他/她？_____
你认为他/她可以扮演什么角色？_____
这位小伙伴接受你的邀请了吗？为什么？_____

（你还可以邀请更多的小伙伴参加活动）

请你策划

主题 你能把你最感兴趣的问题改写成陈述式的综合实践活动主题吗？

_____

背景 你为什么会提出这一问题？可以咨询老师，看一看活动主题还有哪些需要完善的地方，以及如何体现其价值。

_____

目标 请老师进行指导，进一步明确活动目标。

_____

冬藏

活动目标表

目标维度	目标内容
价值体认	
责任担当	
问题解决	
创意物化	

主体 你最终确定了哪些人作为活动团队成员？

活动团队成员信息表

小伙伴的名字	小伙伴就读的学校	小伙伴所在的班级	小伙伴的年龄

有趣的二十四节气

分工 你的团队成员是怎么分工的？

团队成员分工表

组别	姓名	工作内容	工作要求	完成时间	工作成果

准备 活动开展之前，你的团队成员做了哪些准备工作？

1. 制定活动方案
A. 未开始（赶紧与团队成员一起制定哟！）
B. 正在进行（抓紧时间哟！）
C. 已经完成（你和你的团队真棒！）
2. 准备活动材料

准备工作情况表

准备工作的内容	负责人	完成时间	完成效果

续表

准备工作的内容	负责人	完成时间	完成效果

活动 活动流程。

_____
_____
_____
_____
_____
_____
_____

预算

活动预算表

环节	开销	单价	数量	小计

有趣的二十四节气

安全 每个活动的场所不同，应采取什么措施保护团队成员的安全？

安全保障设计表

环节	安全措施	负责人	备注

评价 对每个团队成员在活动中的表现进行评价。

评价原则：

（1）客观性原则。评价要符合团队成员自身实际情况，不掺杂评价者的主观好恶和个人情感。

（2）发展性原则。评价能帮助团队成员自身发展及团队成员共同进步。

（3）激励性原则。评价的结果能激发团队成员的积极性，增强团队的凝聚力。

评价设计表

评价对象	评价依据	评价标准	评价人

冬藏

请你汇报

活动结束后,请以适当的形式向同学和老师汇报综合实践活动的情况及成果。例如活动成果的展示形式有哪些?活动成果怎么呈现?在汇报过程中,人员如何安排、汇报材料如何准备?

1. 汇报形式

   _____

   _____

2. 活动成果呈现形式

   _____

   _____

3. 汇报工作分工

汇报工作分工表

组别	团队成员	负责工作	工作要求	完成时间	备注

有趣的二十四节气

请你评价

对每位团队成员进行评价。评价时请用一句话描述团队成员整体表现，然后按照100分制评价或者按照"优、良、中、差"等级评价。

团队成员评价结果表

序号	姓名	评语	得分/等级	备注

请你总结

1. 在这次综合实践活动中，你有哪些收获？

_____
_____
_____
_____
_____

2. 你们的活动解决了实践中的什么问题？请提出初步的解决方案。

_____
_____
_____
_____
_____